동시토익 기초편

동시토익
Contemporary Toeic

지은이 : 조윤정
에디터 : 조서봉
출판사 : 제이제이북스
3쇄 인쇄 : 2015년 5월 20일

서론

기 초반 학생들의 대부분은 영어가 '매우 어려운' 과목이라고 생각하고 영어 공부를 시작합니다. 그리고는 900점을 달성한 학생들의 후기를 보고서도 "이건 내 얘기는 될 수가 없어."라고 단정합니다. 하지만 절대 위축될 필요가 없습니다. 영어울렁증의 원인은 바로 영어공부를 '제대로' 해 보지 않아서 입니다.
이제 저와 함께 '제대로' 영어 공부를 시작하면 영어울렁증은 사라지고 또한 지금까지 남의 얘기로만 알았던 직청직해가 곧 이제 나에게 현실이 될 겁니다! 동시토익 조윤정샘의 LC수업의 명성은 다들 들으셨죠?^^ 이제 기대되고 기대되는 엘씨 수업이 시작됩니다!!

헌 데, 수업 첫날에 본인이 가졌던 기대와는 다르게 하루 이틀 삼일이 지나도 또 안 들리고 모르는 단어는 점점 많아져서 숙제하다가 지겨워 지기도 하고, 첫날 다졌던 그 강한 의지는 조금씩 사그라들면서 영어책을 보다가도 나의 핸드폰 카톡소리가 괜히 반갑고 오늘 스포츠 경기 결과가 유난히 궁금해 지면서 네이버 검색페이지를 여는 자신의 손가락을 목격하게 되죠. 그리고는 동시토익 카페에 가서 조윤정샘에게 하소연을 합니다. "선생님!! 엘씨가 너무 안들려요 !! 멘붕이에요. 멘붕 ㅠㅠ" "선생님! 엘씨 좀 도와주세요 ㅠㅠ 해도 느는 것 같지가 않고 그냥 제자리네요 ㅠㅠ." 라고요. 사실 이런 하소연은 우리 동시토익 카페에 가면 아주 자주 볼 수 있습니다! 물론 이 중에는 정말 열심히 공부하는 친구들도 있구요. 이런 고민에 저는 항상 똑같은 답을 합니다. "엘씨는 당연히 힘든 과목입니다. 하지만 아직 공부한지 1주일 (아니면 2주일) 밖에 안됐으니까 아직은 힘들다고 하기에는 이른 시점입니다!" 라구요.

기 초반 친구들! 영어는 '어려운' 과목은 아닙니다. 단, 고된 과목은 맞습니다! 제가 '고되다'라고 하는 건 영어는 '꾸준하고, 우직하고, 끈기가 있어야' 잘할 수 있기 때문입니다. 영어는 머리 좋은 사람이 잘 하는 과목이 아닙니다. 오히려 머리가 좋은 친구들이 영어를 '때려 맞추어 해석하기'하려는 위험한 경향이 있습니다. 이런 친구들은 절대로 고득점이 안 나옵니다. 영어에 대한 이해도 당연히 떨어지구요. 오히려 백지에서 시작한 '공대 친구들', '운동 선수 출신 친구들'이 자주 엽기적인 점수 상승을 보여 줍니다. 공대 친구들은 오래 앉아서 반복해서 공부하는 지구력이 있고, 운동 선수들은 공부도 극기훈련처럼 하기 때문입니다.

우리는 영어에 대해 겸손할 필요가 있습니다. 우리는 어두운 영어 과거를 갖고 있습니다. 매일 매일 꾸준하게 영어소리를 고민하면서 들어 본적도 없고, 소리 내어 제대로 읽어 본 적도 없고, 또 영어 단어를 외워 본지는 너무나 오래 되었습니다.

이런 어두운 영어 과거를 무시하고 한번 들어봤다고 한 번 읽어 봤다고 바로 귀가 뻥! 뚫리면서 영어 소리가 이해가 될 거라고 기대하면 안됩니다. 심지어 어제 외운 단어도 기억이 안 나는 것이 외국어 입니다. 제가 여러분에게 겁을 주려고 이런 얘기를 하는 것은 아니 구요. 영어 공부를 하는 마음가짐이 결코 가벼워서는 안된다고 얘기하고 싶어서입니다. 가볍게 시작하면 가볍게 포기하거든요. 오늘부터 매일 아침 강한 의지가 흐트러지지 않았는지 확인 해 보자 구요!

사람은 배신해도 공부는 배신하지 않습니다! 한만큼 돌려주는 것이 공부입니다. 동시 토익 학생들이 이런 큰 보답을 받기를 항상 기원합니다.

제가 여러분께 약속하는 건 기초반 수업에서 '영어소리를 이해'할 수 있게 해주겠다는 겁니다. 제대로 배운 원리와 제대로 쌓은 습관으로 소리를 이해하기 시작하면 영어소리에 대한 공포와 답답함이 사라질 겁니다. 기초반에서 쌓은 기초 원리는 토익의 고득점을 위한 발판이 될 뿐만 아니라, 후에 미드를 볼 때도 CNN 청취를 할 때도 탄탄한 초석이 되어 줄 겁니다. 만나서 다들 반갑습니다! 그리고 우리 이제 한 달간의 기초 수업 신나게 시작해보죠!

동시토익
조윤정

동시토익 기초 LC 일정표

강의	진도	단어시험	받아쓰기 숙제
Day 1	영어 문장의 구조		Day 1
Day 2	발음 공식		Day 2
Day 3	Part1 자주 출제되는 문장의 형태	Quiz Day 1~2	Day 3
Day 4	Part1 문장듣기		Day 4
Day 5	Part1 문장듣기	Quiz Day 3~4	Day 5
Day 6	Part2 의문사 의문문 이해하기		Day 6
Day 7	Part2 의문사 의문문	Quiz Day 5~6	Day 7
Day 8	Part2 의문사 의문문	의문사 의문문(교재 p26~39)	Day 8
Day 9	Part2 의문사 의문문	Quiz Day 7~8	Day 9
Day 10	Part2 의문사 의문문		Day 10
Day 11	Part2 일반 의문문 이해하기	Quiz Day 9~10	Day 11
Day 12	Part2 일반 의문문		Day 12
Day 13	Part2 일반 의문문	Quiz Day 11~12	Day 13
Day 14	Part2 일반 의문문		Day 14
Day 15	Part2 일반 의문문	Quiz Day 13~14	Day 15
Day 16	Part3 Intro		Day 16
Day 17	Part3 구매/예약 관련	Quiz Day 15~16	Day 17
Day 18	Part3 여러 장소에서의 대화		Day 18
Day 19	Part3 Problem	Quiz Day 17~18	Day 19
Day 20	Part3 회사관련 이야기		Day 20

TOEIC 소개

TOEIC은 어떤 시험인가요?

토익은 'Test of English for International Communication'의 약자로 외국인의 영어 능력을 측정하기 위하여 미교육평가위원회(ETS:Educational Testing Service)가 개발한 영어 능력 시험이며 일상생활이나 비즈니스에 중점을 두고 있습니다.

TOEIC 점수는 몇 점이 만점인가요?

토익은 Listening Test 와 Reading Test로 나눠져 있습니다. 각 부문의 만점 점수는 495점이고 따라서 전체 시험의 만점 점수는 990점입니다.

TOEIC은 어떻게 구성이 되어 있나요?

아래 표를 참조하세요.

시험 구성	구분 문제 유형		문항 수(총 200문항)	시간(총120분)
Listening Comprehension	Part 1	사진 묘사(Pictures)	10 (1번~10번)	45분
	Part 2	응답문(Questions–Responses)	30 (11번~40번)	
	Part 3	대화문(Short Conversations)	30 (41번~70번)	
	Part 4	설명문(Short talks)	30 (71번~100번)	
Reading Comprehension	Part 5	문법/어휘 단문 빈칸 채우기 (Incomplete Sentences)	40 (101번~140번)	75분
	Part 6	장문 빈칸 채우기 (Text completion)	12 (141번~152번)	
	Part 7	독해(Reading Comprehension) – 1개의 지문/2개의 지문	48 (153번~200번)* 181번부터는 2개의 지문	

TOEIC은 언제, 어디서 보고 어떻게 신청하나요?

토익 시험은 매달 시행하며 2월 (동계방학)과 8월 (하계 방학)에는 시험을 두 번 시행합니다. TOEIC 시험 신청은 지정접수처로 직접 방문을 해 응시료를 내고 바로 접수를 하거나 TOEIC 위원회 인터넷 사이트(www.toeic.co.kr)에서 바로 접수할 수 있습니다. 인터넷 사이트에 회원 가입을 한 후 시험 일정을 확인하고 자신의 집과 가까운 고사장을 선택해 시험을 신청하면 됩니다. 추가 접수의 경우 10%의 금액이 추가되므로 추가 접수일이 지나기 전에 접수하는 것이 좋습니다. 또한 인터넷 접수 시 토익 점수 확인 방법란에서 "우편 수령"을 선택하시면 시험 점수 결과를 우편으로도 받을 수 있고 인터넷에서도 동시에 확인할 수 있으니까 '우편 수령'을 선택하는 것이 좋습니다.

TOEIC 시험장에서

TOEIC의 준비물은 무엇인가요?

신분증(주민등록증, 운전면허증, 공무원증 등 국가가 인증한 신분증, **단, 학생증은 절대로 안됩니다**), 연필(**2B 연필**을 추천합니다), 지우개 그리고 시계를 준비하세요. 수험번호를 메모하고 가면 고사장에서 자신의 자리를 쉽게 찾을 수 있습니다. 핸드폰 배터리는 고사장에서 감독관이 시험 전에 수거한 후 시험 종료 후 다시 돌려 줍니다. 시험 도중 음향기기(스탑워치, mp3 등)의 소리가 울리면 불이익을 받으니 꼭 전원을 꺼야 합니다.

고사장에 몇 시에 도착하나요?

시험 시작 10분 전 (약 9시 50분)에는 고사장 입실이 통제되므로 시간 안에 맞춰 도착합니다.

문제지를 받고 나서 Reading Comprehension의 Part 5 문제를 미리 푼다면서요?

고사장에서 방송 상태를 점검하고, 약 10시 15분 경에 문제지를 나누어 주면서 파본(문제지의 이상 상태)를 검토하라고 합니다. 사실 이 때부터 실제 시험 시작입니다. 파본을 얼른 점검한 후 **Listening Test 의 Part 1 Directions(시험 유의 사항)가 나오는 시간 동안 문제지의 뒤 편에 있는 Reading Comprehension 의 Part 5의 101번 문제부터 약 10개 안팎의 문제를 미리 풉니다.** 이는 **Reading Test** 에서 조금이나마 시간을 벌기 위한 작전입니다. 운이 안 좋은 경우는 감독관이 문제를 미리 푸는 것을 제지합니다. **Good Luck!**

단 주의할 점은 Part 1 Directions가 끝나고 "Now, Part number one will begin."이라고 방송이 나올 때 빨리 Part 1 의 1번 문제로 돌아가서 Listening Test를 풀어야 합니다.

OMR 카드 마킹은 어떻게 해야 하나요?

Part 1 과 Part 2는 문제를 풀면서 OMR카드에 직접 마킹을 해야 하지만 Part 3 와 Part 4는 질문의 (A)(B)(C)(D) 보기에 집중을 해야 하므로 문제지에 답을 표시하고 L/C Test 종료 후 한꺼번에 마킹을 합니다. 문제지에 답을 표시하면 안 된다는 방송이 나오지만 보통 이에 대해서 제지를 받지는 않습니다. R/C Test 의 경우 한꺼번에 모든 답을 마킹하면 나중에 시간이 부족해 마킹 실수가 자주 발생하니까 3~4개씩 묶어서 중간중간에 마킹을 하는 것이 좋습니다.

OMR카드에 답을 정확하게 표시하는 것이 가장 중요합니다. 마킹 실수가 없도록 주의하세요.

TOEIC Listening Test 구성

Part 1

[1번부터 10번] 문제지에 아래와 같이 그림만 제시되고 그림을 설명하는 보기 네 개 (A)(B)(C)(D) 중 가장 좋은 답을 선택해 OMR 카드에 바로 마킹합니다.

Part 2

[11번부터 40번] 문제지에는 아래와 같이 답안지만 제시됩니다. 각 문제는 의문문이며 이 의문문에 대한 보기 3개 (A)(B)(C) 중 가장 좋은 답을 선택해 OMR 카드에 바로 마킹합니다.

11. Mark your answer on your answer sheet. (A)(B)(C)
12. Mark your answer on your answer sheet. (A)(B)(C)
13. Mark your answer on your answer sheet. (A)(B)(C)
14. Mark your answer on your answer sheet. (A)(B)(C)
15. Mark your answer on your answer sheet. (A)(B)(C)

Part 3

[41번부터 70번] 문제지에는 아래와 같이 각 대화문에 대한 3개의 문제와 4개의 보기가 제시됩니다. 문제는 읽어 주나, 보기는 읽어 주지 않습니다. **문제를 미리 읽고** 대화문을 들으면서 **답을 문제지에 표시한 후** L/C TEST **종료 후 한꺼번에** OMR 카드에 마킹하는 것이 좋습니다.

41. Why is the man calling?
(A) To book a flight
(B) To reserve a room
(C) To remind an appointment
(D) To call a meeting

42. What does the woman offer?
(A) A free meal
(B) A discount coupon
(C) An instruction manual
(D) A conference schedule

43. What will the woman probably do when the man arrives?
(A) Make a travel arrangement
(B) Provide video conference equipment
(C) Reserve a meeting room
(D) Give some information

Part 4

[71부터 100번] 문제지에는 아래와 같이 각 설명문에 대한 3개의 문제와 4개의 보기가 제시됩니다. 문제는 읽어 주나, 보기는 읽어 주지 않습니다. **문제를 미리 읽고** 설명문을 들으면서 **답을 문제지에 표시한 후** L/C TEST **종료 후 한꺼번에** OMR 카드에 마킹하는 것이 좋습니다.

71. What type of business is the speaker most likely calling?
(A) A retail store
(B) An electricity company
(C) A cleaning service
(D) A delivery service

72. Why is the speaker calling?
(A) To report a problem
(B) To renew a warranty
(C) To cancel a delivery
(D) To order a product

73. What does the speaker ask the listener to do?
(A) Extend a warranty
(B) Schedule a repair
(C) Confirm a reservation
(D) Request an application

LC 공부는 어떻게 하나요?

♣ LC 공부하는 방법

1. 팟 1과 2의 경우는 전체 문장을 들으면서 **무슨 의미인지 파악하면서** 들리는 소리를 받아쓰기 하거나, 한국말로 소리 나는 대로 써본다. 이 과정을 3번 정도 반복한다. 3번을 반복하고도 해결이 안되면 스크립트를 확인한다.
팟 3, 4의 경우는 전체 대화문 또는 담화문을 처음부터 끝까지 들으면서 전체 줄거리를 정리해 본다. 이 과정을 세 번 반복한다. 그리고 나서 안 들렸던 문장을 찾아 해당 문장을 다시 한번 들어본다. 문장을 들으면서 무슨 의미인지 파악하면서 들리는 소리를 받아쓰기 하거나, 한국말로 소리나는 대로 써본다. 이 과정을 3번 정도 반복한 후 해결이 안되면 스크립트를 확인한다.

2. 스크립트를 확인하면서 무엇 때문에 못 들었는지 분석한다. 보통 첫 번째 원인은 단어를 몰라서, 두 번째는 아는 단어라도 그 단어의 발음을 몰라서, 또 하나의 이유는 각각의 단어가 함께 소리를 내는 연음현상을 잡지 못해서 일 것이다. 이를 분석하고 이해해야 한다.

3. **확인한 스크립트를 스스로 해석해보고, 반드시 해설지의 정답 해석을 확인한다.** 자신의 해석이 엉망인 경우가 많으나 인식하지 못하고 지나가는 경우가 많다. 가장 위험한 공부방법이다.

4. 해석을 확인한 영어 문장을 흉내 내어 **3번 반복해서 읽어 본다.**

5. 주요 문장 또는 자신을 많이 괴롭혔던 문장은 외워버린다. 가장 효과적인 해결책이다!

♣ LC를 공부할 때 꼬옥 해야 하는 일

- 단어와 문장의 발음, 엑센트, 억양이 자연스럽게 몸에 베어지도록 소리를 듣고 여러 번 따라 한다.

- 한국말을 보고 영어가 입으로 뱉어 질 때까지 꼼꼼하게 단어를 외운다. 영어를 보고 한국어로 해석할 수 있는 단어는 '수동적인' 언어라, 소리를 '듣자 마자' 의미를 파악할 수 있는 어휘는 아니다.

- 단어를 외울 때 소리 나는 대로 읽으면서 외운다. 스펠링은 한 두 번 써보는 것이 좋다. 그렇지 않으면 결정적인 순간에 비슷한 스펠링의 단어와 헷갈려 해석을 왜곡하게 된다.

- 주요 문장, 자신을 괴롭히던 문장이나 발음은 외운다. 가장 효과적인 방법이다.

♣ LC를 공부하면서 절대 하지 말아야 하는 것

- 안 들리는 음원을 지칠 때 까지 계속 듣는다. 어차피 모르는 단어는 백 번 들어도 안 들린다. 3~4번 듣고 모르겠으면 스크립트 확인하고, 분석한다.

- 입을 꾸욱 다물고 단어를 외운다. 입으로 뱉지 못하는 소리는 언어가 아니다. 입으로 뱉지 못하면 들을 수 없다.

- 해석을 하지 않고 그냥 넘어간다. 소리를 듣고 따라 읽을 수 있어도 문장의 의미를 파악하지 못하면 아무 쓸모가 없는 그저 소리일 뿐이다. 해석을 하지 않고 넘어가는 습관이 쌓여서 대충 듣고 대충 문제를 풀게 되고, 그래서 대충 점수가 나올 뿐이다.

- 한국어를 보고 영어로 바꿔보는 연습을 전혀 하지 않는다. 영작할수 있는 문장은 직청직해가 가능하다. 평소에 토익에서 자주 접하는 문장을 영작하는 습관을 들이자.

영어문장의 구조
5개 형식[Sentence Structure]만 알면 영어는 끝!

1. 형식 - S(주어) + Vi(완전자동사)

해석: **주어'가' 동사'하다'**.
[자동사-목적어를 갖지 않는 동사]

Birds fly. 새가 날다
  S   Vi

Trees are growing. 나무가 자라고 있다.
  S   Vi

She is studying. 그녀는 공부를 하고 있다./그녀는 공부를 할 것이다.
  S   Vi

▶ be+ ~ing → 진행, 가까운 미래의 의미로도 사용

2. 형식 - S(주어) + Vi(불완전자동사)+C(보어)

① **She is a student.** 그녀는 학생이다
▶ 명사와 명사를 be동사로 연결하면 **A=B이다** 라는 동격관계

② **She is happy.** 그녀는 행복하다
▶ be+형용사=동사

③ **She is in the park.** 그녀는 공원에 있다.
▶ be+전치사구(전명구) → be 동사가 [존재하다],[있다]의 의미

④ **The car is parked.** 차가 주차가 되어었다.
▶ be+ p.p(과거분사) → 보통 수동태

※ be동사 뒤에는 절대로! 동사원형을 쓰지 않는다!!

3형식 - S(주어) + Vt(타동사)+O(목적어)

해석: **주어 '가' 목적어 '를' 동사 '하다'.**
[타동사-목적어를 갖는 동사]

I want water. 나는 물을 원한다.
S   V   O

▶ water(명사)는 want(타동사)의 목적어

I want to drink water. 나는 물 마시는 것을 원한다.
S   V   O

▶ To drink water(To 부정사구)는 명사역할(의미는 '물 마시는 것')을 하며 want(타동사)의 목적어

4형식 - S(주어) + Vt(타동사)+O1(간접목적어)+O2(직접목적어)

해석: **주어 '가' 간접목적어 '에게' 직접목적어 '를' 동사 '해주다'.**

I sent you a letter. 나는 너에게 편지를 보내주었다.
S   V   O1   O2

She bought me flowers. 그녀는 나에게 꽃을 사주었다.
S   V   O1   O2

▶ 보통 '주다'라는 의미가 포함된 수여동사가 4형식 동사다. Give, send, buy, teach, bring 등이 4형식 동사로 2개의 목적어를 갖는다.

5형식 - S(주어) + Vt(타동사)+O(목적어)+OC(목적보어)

해석: **주어 '는' 목적어 '가' 목적보어 '하게'('함을') 동사 '한다'.**

I'll make you happy. 난 너가 행복하게 해줄거야.
S   V   O   OC

I want you to drink water. 난 너가 물 마시기를 원해.
S   V   O   OC

▶ 5형식은 2개의 문장이 하나의 문장으로 합쳐진 형태. 따라서, 주어가 2개, 동사가 2개다. 목적어는 주어(~가)로, 목적보어는 동사(~하다)로 해석한다. 대표적인 5형식 동사는 have, make, get, to 부정사를 목적어로 취하는 동사(want, like 등)등이다.

★ 영어의 주요 품사 이해하기	
명사	• 명사는 사람, 동물, 사물, 지명, 명칭 등등 의 이름을 나타내는 말 • 명사는 문장에서 주어, 목적어, 보어(be동사 뒤)의 역할 • 셀 수 있는 명사(a, an을 붙일 수 있는 가산명사), 셀 수 없는 명사(불가산 명사)로 나뉨. • 보통명사(책상, 여자 등), 고유명사(수잔, 뉴욕, 대한항공 등), 물질명사(소금, 주스 등), 집합명사(사람, 한국인 등)이 있음
동사	• 사람, 사물 등의 동작이나 상태를 나타내는 말 • [~다.]라고 해석. • 문장에서 서술부의 역할을 하며, 일반동사(make, have, love, carry 등), be 동사(am,is,are, was, were), 조동사(should, have, can 등) 등이 있다. • 목적어를 취하는 타동사, 목적어를 취하지 않는 자동사가 있다. .
형용사	• 명사를 꾸며 주며, 명사의 성질, 수량, 크기, 색 등을 나타내는 말 • [~하는]이라고 해석
부사	• 명사를 제외한 모든 것(동사, 형용사, 다른 부사, 문장 전체)를 꾸며주는 말. • [~하게]로 해석.

Part 1 문제 유형

문제지에 10개의 그림만 보이며 각 그림에 해당하는 4개의 보기를 듣고 4개의 보기 중 해당 그림을 가장 잘 설명하는 보기를 고른다.

For example

(A)   (B)   (C)   (D)

다음 소리를 듣고 받아쓰기 하고 해석

받아쓰기

해석하기

(A) They are hanging pictures.
(B) Pictures are placed on the wall.
(C) They are seated on the floor.
(D) They are standing in a circle.

(A) 그림들이 걸려 있는 중이다.
(B) 그림이 벽 위에 놓여 있다.
(C) 그림이 바닥에 앉아 있다.
(D) 그림이 원형을 이뤄 서 있다.

[Day 1] 영어 문장의 구조

Part 1 발음 공식

1. He is _____ .

> **발음 팁** … 미국영어의 경우, [d]나 [t]는 모음 사이에 끼여 있으면 한국말 [ㄹ]발음이 된다. 영국영어는 각각 [ㄷ], [ㅌ] 로 자음 소리를 그대로 살린다.

> **자음 소리의 탈락 공식** … **공식1** 같은 자음이 겹치면 생략된다. summer는 [썸머]가 아니라 [써머], grammar는 [그램머]가 아니라 [그래머], ask Ken 은 [애쓰크 켄]이 아니라 [애쓰 켄]이라고 발음한다.
>
> **공식2** 비슷한 자음이 겹치면 생략된다. [d+t→t], [t+d→d], [v+f→f], [v+b→b], [z+s→s]
> had to [해-러], front desk [ㅍ후론 데-스크], remove from [리무ㅂ ㅍ후럼], leave Boston [리이 보스턴], please send [플리이 쌘ㄷ]
>
> **공식3** 자음이 3개 이상이면 중간 자음은 생략된다.
> empty는 [앰프티]가 아니라 [앰티]. They asked me to come. 는 [애쓰크트미투]가 아니라 중간 [크트]가 생략되어 [애쓰미투]라고 발음한다.

2. He's _____ .

> **발음 팁** … [r]은 허끝을 입천장에 닿지 않도록 살짝 구부리고, 입술을 동그랗게 하여 내는 소리. 단, 영국영어는 [r]이 모음앞에 있는 경우를 제외하고는 발음하지 않는다.

3. The basket _____ .

> **발음 팁** … [L] 발음은 허끝을 윗니 뒤 잇몸에 붙이면서 내는 소리고, [r] 발음은 허끝이 잇몸 뒤, 혹은 입천장 어디에도 닿으면 안 된다. [L]이 단어앞에서 발음되는 경우에는 약한 [으]소리를 내는 척 하면 발음하면 훨씬 쉽다. 예를 들어 Lion을 [을라이온] 이라고 발음해 보자. Rose는 [뤄우즈] 로 rise는 [롸이즈]로 소리 낸다.

4. He _____ .

> **Accent 팁** … 강세를 받은 모음만 강모음으로 발음하고, 강세가 없는 모음은 약화되거나 탈락한다. adjúst[어저스트], fámily[ㅍ해믈리], famíliar[ㅍ허밀리어], ádult[애럴트], adúlt[어덜트], ópera[아프라], phótograph[ㅍ호로그래프], photógrapher[ㅍ허타그래퍼], remóve[르무ㅂ], cámera[캐므라]

5. He _____ .

> **발음 팁** … 일명 번데기 발음[θ]과 [ð]의 경우, 윗니와 아랫니로 혀 중간까지 가볍게 물면서 빼냈다가 안쪽으로 들이밀면서 내는 소리며, [θ]는 성대가 울리지 않는 무성음, [ð]는 성대를 울리는 유성음이다.

6. She _____ .

> **발음 팁** … walk/boss/pouring 의 모음발음[ɔ]은 오/어의 중간발음으로 길게 발음한다. (워어킹/보어스/포어링) 이라고 발음해보자. 단 미국 연사는 대부분 (워아킹/보아스/포아링) 이라고 오히려 (아)소리에 가깝게 발음한다. 가장 중요한 것은 길게 발음하는 것! bus/must/mud 의 모음발음[ʌ]은 (어)소리를 짧게 낸다.

> **발음 팁** … [p]는 위아래 입술을 완벽히 붙이면서 소리가 입술 밖으로 퍼지듯이 음을 짧게 낸다. [f]는 윗니를 아랫입술에 대고 있다가 윗니로 소리를 낸다.

7. _____ .

> **발음 팁** … (d)나 (t)가 (r)앞에 나오면 각각 (ㅈ), (ㅊ)에 가까운 소리를 낸다. ex) drawer, dream, dry (즈러워, 즈림, 즈라이) tree/try/train (츠리, 츠라이, 츠레인)

8. _____ .

> **미국영어의 콧소리** … [dl] [tl] [dn] [tn]은 [d], [t]와 [l], [n]사이의 (으)발음을 하지 않고, [d]와 [t] 소리가 앞의 단어에 받침 소리로 들어가거나 생략되면서 끊기는 소리를 내고, 그리고 다음 사운드 [을] [은] 소리는 콧소리를 낸다. maintenance [메인/으느스], friendly [ㅎ프랜/을리], written[륏 은], carton 은 [캇 은], certainly [썼 은리] 라고 소리 난다.

9. They are _____ .

> **발음 팁** … [i:] 장모음은 입술을 양쪽으로 벌리고, 소리를 밖으로 내뱉으면서 [이]를 길게 낸다. [i] 단모음은 소리가 입 안 쪽에서 먹히는 소리로, [이]와 [에]의 중간 발음을 짧게 낸다. seat,meeting,leave[씨잇,미이링,리이브] / sit,fix,live [씨에트,ㅎ피엑ㅆ,리에브]

DAY 2 문장듣기 답안

1. He is standing on the **ladder**. 그는 사다리위에 서 있다.

2. He's **writing on a pad of note**. 그는 노트에 필기하고 있다.

3. The basket **is filled with groceries**. 바구니는 식료품으로 가득 차 있다.

4. He is **adjusting** a piece of equipment. 그는 장비 한 대를 조절하고 있다.

5. He is **throwing** away some garbage. 그는 쓰레기를 버리고 있다.

6. She is **pouring** water into the glass. 그녀는 물을 잔에 붓고 있다.

7. The **drawer** has been left open. 서랍이 열려 있다.

8. **Cartons** are piled up in a cart. 상자들이 카트에 쌓여 있다.

9. They are **seated** in a row. 그들은 한 줄로 앉아 있다.

Part 1 자주 출제되는 문장의 형태

 **능동 진행 [be ~ ing] – 동작 또는 상태**

> **He is parking a car.** 그는 차를 주차하고 있다.

[be~ing]형은 '동작' 또는 '상태'가 일시적으로 지속되었을 때 사용한다. 해당 문장이 상태인지 동작인지 일일이 따질 필요는 없다. 해석만 할 수 있으면 된다.

단, 상태와 동작을 반드시 구별해야 하는 [be ~ing] 동사! 요것만 기억하자!	
의류를 입고 있는 상태와 동작	**He is wearing a hat.** [상태] 그는 모자를 쓰고 있다. **He is putting on a hat.** [동작] 그는 모자를 쓰고 있는 중이다.
이동수단을 타고 있는 상태와 동작	**He is taking a boat.** [상태, 동작] 그는 보트를 타고 있다./그는 보트를 타고 있는 중이다. **He is riding a boat.** [상태] 그는 보트를 타고 있다. **He is boarding a boat.** [동작] 그는 보트를 타고 있는 중이다.

 **수동 [be P.P 또는 have(has) been P.P.] – 상태**

> **A car is parked.** [현재 수동]
>
> **A car has been parked.** [완료 수동]
> 차가 주차되어 있다.

현재시제는 현재의 상황만 설명한 것이고, 완료시제는 과거에 발생한 동작으로 인해 현재까지 해당 상황이 이어졌다는 의미를 좀 더 살리기 위해 쓰는 표현이지만, 걱정할 것은 전혀 없다! 현재시제와 완료시제 모두 해석은 동일하다.

3. 수동 진행 [be being ~P.P.] - 동작

> **A car is being parked.** 차가 주차가 되고 있는 중이다.

이 문장은 "He is parking a car."를 수동태로 전환한 것이다. 따라서 "A car is being parked."는 "He is parking a car(그가 차를 주차하고 있다)."와 동일한 의미의 문장이다. [be being p.p]는 동작의 의미다. 따라서 사람이 없는 사진에서 [be being p.p]가 들리면 무조건 오답으로 소거한다!

CHECK UP
아래의 문장을 여러 문장 형태로 바꾸어 보자.

1. They are placing dishes on the table. 그들은 음식을 테이블 위에 놓고 있다.
[진행 수동] **Dishes are being placed on the table.** 음식이 테이블 위에 놓이고 있는 중이다. / 음식을 테이블 위에 놓고 있다.
[현재 수동] **Dishes are placed on the table.** 음식이 테이블 위에 놓여 있다.
[완료 수동] **Dishes have been placed on the table.** 음식이 테이블 위에 놓여 있다.

2. The man is serving food. 남자가 음식을 서빙하고 있다.
[진행 수동] **Food is being served.** 음식이 서빙이 되고 있는 중이다. / 음식을 서빙하고 있다.
[현재 수동] **Food is served.** 음식이 서빙되었다.
[완료 수동] **Food has been served.** 음식이 서빙되었다.

3. They are planting trees in an island. 그들은 섬에 나무를 심고 있다.
[진행 수동] **Trees are being planted in an island.** 나무가 섬에 심어지고 있는 중이다. / 나무를 섬에 심고 있다.
[현재 수동] **Trees are planted in an island.** 나무가 섬에 심어져 있다.
[완료 수동] **Trees have been planted in an island.** 나무가 섬에 심어져 있다.

4. He is hanging a picture on a wall. 그는 벽에 그림을 걸고 있다.
[진행 수동] **A picture is being hung on a wall.** 그림이 벽에 걸리고 있는 중이다. / 벽에 그림을 걸고 있다.
[현재 수동] **A picture is hung on a wall.** 벽에 그림이 걸려 있다.
[완료 수동] **A picture has been hung on a wall.** 벽에 그림이 걸려 있다.

Part 1 문장듣기

CHECK UP 아래의 문장을 받아쓰기 해보자.

1.
2.
3.
4.
5.
6.
7.
8.
9.
10.
11.
12.
13.
14.
15.

1. **He is wearing a watch.**
   그는 시계를 차고 있다.[상태]

2. **He is carrying a backpack.**
   그는 배낭을 매고 있다.[상태, 동작]

3. **She's watering the plant.**
   그녀는 식물에 물을 주고 있다.

4. **A clock sits on top of the computer.**
   시계가 컴퓨터 상단에 놓여 있다.

5. **Diners are seated near the curb.**
   밥 먹는 사람들이 연석 주위에 앉아 있다.

6. **Seating space is available beside the man.**
   남자 옆에 앉는 자리가 비어 있다.

7. **She's picking flowers.**
   그녀는 꽃을 따고 있다.

8. **Some people are working in the office.**
   사람들이 사무실에서 일을 하고 있다.

9. **The shelves are full of books.**
   선반에 책이 가득 차 있다.

10. **Photographs have been arranged on the wall.**
    사진이 벽 위에 정리 되어 있다.

11. **Cartons are being piled in a shopping cart.**
    상자들이 쇼핑 카트에 쌓이고 있는 중이다[동작].

12. **They are taking some measurements.**
    그들은 치수를 재고 있다.

13. **Waves are breaking along the shore.**
    파도가 해안가를 따라 부서지고 있다.

14. **They are adjusting some equipment.**
    그들은 장비를 조정하고 있다.

15. **He's putting on a tie.**
    그는 넥타이를 매고 있는 중이다.[동작]

Day 4 CHECK UP

Part 1 문장듣기

아래의 문장을 받아쓰기 해보자.

1.
2.
3.
4.
5.
6.
7.
8.
9.
10.
11.
12.
13.
14.
15.

1. Bicycles are parked in a rack.
   자전거가 보관대에 주차가 되어 있다.

2. Boats are secured to the dock.
   보트들이 선창에 묶여 있다.

3. She is leaning on the wall.
   그녀는 벽 위에 기대어 있다.

4. A fence runs along the edge of the road.
   울타리가 길의 가장자리를 따라 나 있다.

5. They are sitting opposite each other.
   그들은 서로 반대편에 앉아 있다.(두명)

6. She's pouring water into a bottle.
   그녀는 물병에 물을 붓고 있다.

7. Rows of shoes have been displayed on the wall.
   여러 줄의 신발이 벽 위에 진열되어 있다.

8. A bicycle is being ridden.
   자전거를 타고 있는 중이다.

9. Some chairs have been pushed under the table.
   의자들이 테이블 아래에 밀려 놓여 있다.

10. A woman is wheeling a cart.
   여자가 카트를 굴리고 있다.

11. Some dishes have been set on the table.
   접시가 테이블 위에 놓여 있다.

12. Workers are painting the lines on the street.
   일하는 사람들이 길 위에 선을 그리고 있다.

13. The railings surround the deck.
   난간이 갑판을 둘러 싸고 있다.

14. A light is suspended from the ceiling.
   등이 천장에서부터 매달려 있다.

15. A woman is removing an item from the bag.
   여자가 물건을 가방에서 꺼내고 있다.

Day 5 CHECK UP

Part 1 문장듣기

아래의 문장을 받아쓰기 해보자.

1.
2.
3.
4.
5.
6.
7.
8.
9.
10.
11.
12.
13.
14.
15.

1. **Some workers are loading boxes.**
   일하는 사람들이 박스를 싣고 있다.

2. **Some people are using a ramp to board the boat.**
   사람들이 배에 탑승하기 위해 경사로를 사용하고 있다.

3. **The road leads to the house.**
   길이 집까지 이어져 있다.

4. **They are shaking hands.**
   그들은 악수를 하고 있다.

5. **One of the women is filing some papers.**
   여자 중 한 명이 종이를 정리하고 있다.

6. **The woman is reaching up to get a book.**
   여자가 책을 잡기 위해 팔을 뻗고 있다.

7. **A workstation is unoccupied.**
   작업장이 비어있다.

8. **Trees are casting shadows.**
   나무들이 그림자를 드리우고 있다.

9. **Some jars are being arranged on the counter.**
   병들이 카운터 위에 정리가 되고 있는 중이다.

10. **Umbrellas have been set up on a beach.**
    파라솔이 해변가 위에 설치 되었다.

11. **She's examining a patient.**
    그녀는 환자를 살펴보고 있다.

12. **The woman is pointing at a screen.**
    여자는 손으로 스크린을 가리키고 있다.

13. **Some people are standing beneath the bridge.**
    사람들이 다리 아래에 서 있다.

14. **Containers are being labeled on an assembly line.**
    조립라인에 있는 저장용 그릇(용기)에 라벨이 붙여 지고 있는 중이다.

15. **They are performing outdoors.**
    그들은 야외에서 연주하고 있다.

Part 2 의문문 이해하기

1. 의문문 만들기 – 의외로 간단하다! Be 동사 또는 조동사를 앞으로 놓으면 된다!

1. Be 동사 또는 조동사(have, should, can, will 등 시제 또는 뉘앙스를 살리기 위해서 일반동사를 도와주는 역할)를 문장의 맨 앞에 놓으면 된다.

> **She is a student.** 그녀는 학생입니다.
> ➡ [의문문] **Is** she a student? 그녀는 학생입니까?

> **I should attend the meeting.** 저는 회의에 참여해야 합니다.
> ➡ [의문문] **Should** I attend the meeting? 제가 회의에 참여해야 합니까?

2. 조동사가 없이 **일반동사만 있는 문장은 do, does**(주어가 3인칭 단수인 경우), **did**(시제가 과거인 경우) 3개중 하나를 문장의 맨 앞에 놓으면 된다! 단, 이 경우에는 반드시 동사가 동사원형으로 변해야 한다.

> **I work for the marketing department.** 난 마케팅부에서 일해요.
> ➡ [의문문] **Do you work** for the marketing department?
> 당신은 마케팅부에서 일하나요?

> **She works for the marketing department.** 그녀는 마케팅부에서 일해요.
> ➡ [의문문] **Does she work** for the marketing department?
> 그녀는 마케팅부에서 일하나요?

> **I worked for the marketing department.** 난 마케팅부에서 일했어요.
> ➡ [의문문] **Did you work** for the marketing department?
> 당신은 마케팅부에서 일했나요?

평서문	의문문
I am in a meeting. 저는 회의 중이에요.	**Are you** in a meeting? 당신은 회의중인가요?
I have a meeting at 2. 저는 2시에 회의가 있어요.	**Do you have** a meeting at 2? 당신은 2시에 회의가 있나요? ☞ 정해진 시간이 있는 경우, 현재가 미래를 대신할 수 있다. 여기서 **have** 는 '갖고 있다'라는 의미의 일반동사
I attended the meeting. 전 회의에 참여했어요.	**Did you attend** the meeting? 당신은 회의에 참여했나요?
I have attended the meeting. 전 회의에 참여했어요.	**Have you attended** the meeting? 당신은 회의에 참여했나요? ☞ 과거시제[**Did you**]와 완료시제[**Have you**]는 해석이 동일. 모두 과거 시제로 해석.
I am attending the meeting. 저는 회의에 참여할 계획이에요. ☞ **I will** 단순동사는 '나는 꼭 ~할거야'라는 고집의 의미	**Are you attending** the meeting? 당신은 회의에 참여할 계획인가요? ☞ [**be~ing**]는 가까운 미래의 의미도 있다!
I will attend the meeting. 전 회의에 꼭 참여할 거에요.	**Will you attend** the meeting? 너 회의에 참여할래? ☞ **Will you** 동사원형? 은 반말의 명령어
I will be attending the meeting. 저는 회의에 참여할 예정이에요.	**Will you be attending** the meeting? 당신은 회의에 참여할 예정인가요? ☞ **will be** ~**ing**는 '~할 예정이다'라는 의미의 미래의 단순 계획
I should attend the meeting. 저는 회의에 참여해야 해요.	**Should I attend** the meeting? 제가 회의에 참여해야 하나요?
I have to attend the meeting. 저는 회의에 참여해야 해요.	**Do you have to** attend the meeting? 당신은 회의에 참여해야 하나요? ☞ **have to**는 조동사취급만 하고, 일반동사로 간주
I can attend the meeting. 저는 회의에 참여할 수 있어요.	**Can you** attend the meeting? 회의에 참여해 줄 수 있니? ☞ **Can you ~?** 는 부탁의 표현! **Could you~?** 는 정중한 부탁!
I am able to attend the meeting. 저는 회의에 참여할 수 있어요.	**Are you able to** attend the meeting? 당신은 회의에 참여할 수 있나요?
I am supposed to attend the meeting. 저는 회의에 참여할 거에요(참여해야 해요).	**Are you supposed to** attend the meeting? 당신은 회의에 참여할 건 가요(참여해야 하나요)?
I am going to attend the meeting. 저는 회의에 참여할 예정이에요.	**Are you going to** attend the meeting? 당신은 회의에 참여할 예정인가요?
There is a house. 집이 있습니다.	**Is there** a house? 집이 있나요?

※ 조동사의 의미는 **Day 11** 일반 의문문에서 더 자세하게 다룬다.

2. 의문사 의문문 만들기

1) 의문사 의문문의 순서

> 의문사 + 조동사[do,be,have,can,will,should 등] + 주어(S) +동사(V) ~?

2) 아래의 문장을 의문사 의문문으로 바꿔보자.

> **I bought flowers yesterday.** 나는 어제 꽃을 샀어요.
> S　V　　O
> 주어　동사　목적어

I *bought* **flowers** yesterday.

What *did* you *buy* yesterday?　너는 어제 무엇을 샀니?

I *bought* flowers **yesterday**.

When *did* you *buy* flowers?　너는 언제 꽃을 샀니?

I *bought* flowers yesterday.

Who *bought* flowers yesterday?　누가 어제 꽃을 샀니?

Be 동사가 있는 문장 _ 의문사 + be동사 + 명사?

▶ Who is the speaker? 연사가 누구에요?
▶ Where is the meeting? 회의가 어디에요?
▶ When is the meeting? 회의가 언제에요?
▶ How was your trip? 당신의 여행은 어땠어요?

3. 의문사 의문문 해석하기

1) 부사를 대신하는 의문사 When, Where, Why, How 의문문은 의문사부터 순서대로 해석하면 된다.

When is the meeting being held?
언제　　　회의가　　　열리나요?

▶ **Where** do we keep the payroll forms?
　어디에　　우리는　　급여 대장을 보관하나요?

▶ **Why** has the meeting been delayed?
　왜　　　　회의가　　　지연되었나요?

▶ **How** can I get to the hotel?
　어떻게　제가　호텔로 갈 수 있나요?

▶ **How long** has John been working for Pierson Company?
　얼마나 오랫동안　존은　피어슨 회사를 위해 일해왔나요?

2) 명사를 대신하는 의문사 What과 Who는 문장에서 주어 역할을 하는 경우, 앞에서부터 순서대로 해석하면 되지만, 목적어 역할을 하는 경우, 어떤 전치사 또는 어떤 동사의 목적어인 지를 판단해야 한다. 다시 말하면 의문사의 원래 자리를 찾는다!

❶ 의문사가 주어인 경우,

What is causing the noise?
<u>무엇이</u> 소음을 일으키고 있나요?

▶ **Who** will be giving the presentation?
　<u>누가</u> 발표를 할 건가요?

▶ **Which jacket** is yours?
　<u>어느 점퍼가</u> 당신의 것인가요?

▶ **How many people** attended the reception?
　<u>얼마나 많은 사람들이</u> 연회에 참여했나요?

❷ 의문사가 타동사(구) 또는 전치사의 목적어인 경우

> What은 discuss의 목적어

What will you **discuss** at the meeting? Next year's budget.
당신은 회의에서 무엇을 논의할 건가요? 내년 예산요.

▶ **What** would you like to **drink**?
당신은 **무엇을** 마시고 싶으세요?
> What은 drink의 목적어

▶ **Who** did you **talk to** at the convention?
> Who는 talk to의 목적어
당신은 회의에서 **누구에게** 얘기했나요?

▶ **What kind of soup** would you **prefer**?
당신은 **어떤 종류의 수프를** 원하시나요?
> What은 prefer의 목적어

▶ **How many letters** did we **send** so far?
우리는 지금까지 **몇 장의 편지를** 보냈나요?
> How many letters는 send의 목적어

파트 3/4 까다로운 질문 해석하기

▶ **Who** is the man **calling**? 남자는 **누구에게** 전화하고 있는가?

▶ **Who** is the speaker **addressing**? 연사는 **누구에게** 연설하고 있는가?

▶ **What** does the man ask the woman to **do**? 남자는 여자에게 **무엇을** 하라고 부탁하는가?

▶ **What** is the man asked to **do**? 남자는 **무엇을** 하라고 부탁 받고 있는가?

▶ **What** is the woman asked to **give**? 여자는 **무엇을** 주라고 부탁 받고 있는가?

▶ **What** does the man **request**? 남자는 **무엇을** (달라고) 요청하는가?

▶ **Who** is giving the talk? **누가** 얘기하고 있는가?

▶ **Who** is the talk intended **for**? 이 담화문은 **누구를 위한** 것인가?(듣는 사람이 누구인가?)

▶ **Who** does the man say he needs help **from**?
남자는 **누구로부터의** 도움을 필요로 한다고 얘기하고 있는가?

▶ **What** caused the delay? **무엇이** 지연을 일으켰는가?(지연의 원인은?)

▶ **What** does the man say is needed to apply for the job?
남자는 일자리를 구하기 위해서 **무엇이** 필요하다고 말하고 있는가?

4. 의문사 의문문 문제풀기 전략

1) 오답소거 전략

1. **Yes/No** 답변은 무조건 소거한다!
2. 의문문에 포함된 단어의 소리와 비슷하거나 똑같은 소리의 단어를 포함한 답변을 소거한다!
   예) coffee(커피) - copy(복사), presentation(발표) - present(선물), charge(요금) – charge(충전되다) 등

2) 무조건 정답!

몰라요	I don't know. I have no idea. I'm not certain. I'm uncertain.
나중에 알려줄게요	I'll tell you later. Let me tell you later. I'll let you know later.
수잔이 알고 있을 거에요	Susan would know. Susan should know. Susan might know.

3) 정답 확률이 높은 답변!

제가 확인해 볼게요	I'll check it for you. Let me check that for you. I'll find out.
아직 결정이 안 났어요	It hasn't been decided yet. It hasn't been confirmed yet.
~에 따라 달라요	It depends./It depends on ~.
매니저에게 물어보세요 게시판을 확인하세요	You should ask the manager. Refer to the bulletin board.
제가 알기로는 아니에요	Not that I know of. Not that I'm aware of. **주의!** 의문사의문문에서는 답이 될 수 없다.
전 기억이 나질 않아요.	I can't remember.
아직 아무도 몰라요.	No one is sure yet.

5. 의문사 의문문의 답변 유형

1) When 의문문 - 시점을 고른다!

> **When** will the meeting be held? On Tuesday.
> 회의는 언제 열릴 건가요? 화요일에요.

When 의문문의 답변들

In a week. 일주일 후에요.	**By tomorrow.** 내일까지요.
On the third. 3일이에요.	**Not for another week.** 앞으로 일주일 후에요.
At around nine. 약 9시에요.	**During the meeting.** 회의 중에요.
Every Monday. 매 주 월요일마다요.	**Before the meeting starts.** 회의 시작하기 전에요.
Not until next week. 다음 주에요.	**After the first speaker.** 첫 번째 연사 다음에요.
Sometime in August. 8월 언젠가요.	**As soon as he arrives.** 그가 도착하자마자요.
Two years ago. 2년 전에요.	**Once it's approved.** 그것이 승인이 되면요.
A quarter to five. 15분전 5시에요.	**Let me check my schedule.** 제가 일정을 확인해보죠.

2) Where 의문문 - 장소를 고른다!

> **Where** will the meeting be held? On the second floor.
> 회의는 어디에서 열리나요? 2층에서요.

> **Where** is she going? To the park.
> 그녀는 어디로 가나요? 공원으로요.

Where는 [어디에서] 또는 [어디로]의 의미다. [어디로]라는 의미의 방향을 물어 볼 때는 [~로요]라고 답해야 한다. 예를 들어, "Where is she going?"이라고 질문했는데 "At the park."라고 답하면 오답이다. [At the park.]는 [공원에서요.]라는 의미로 방향을 나타내지 않기 때문에 문맥에 맞지 않는다.

Where 의문문의 답변들	
At the store. 가게에서요.	**At the bottom of the page.** 페이지 맨 아래에요.
On page 3. 3페이지에요.	**Check the website.** 웹사이트를 확인해 보세요.
Down the hall. 복도 아래쪽에요.	**There is one on Franklin Avenue.** 프랭클린가에 하나가 있어요.
Across the street. 길 건너편에요.	**Try the restaurant across the street.** 길 건너편 식당에 가보세요.
To the park. 공원으로요.	**I gave mine to Mary.** 제 건 메리에게 줬어요.
In front of the building. 건물 앞에서요.	**We don't have one.** 우린 그거 없어요.
From the manager. 매니저한테서요.	**I have it right with me.** 그거 지금 저에게 있어요.

※ Where 의문문에서는 까다로운 답변이 많이 나오니 조심해야 한다.

> **Where** can I make a copy? The machine is broken.
> 제가 복사를 어디서 할 수 있죠? 복사기는 고장났어요.

> **Where** can I find Mr.Rion? He's not working here anymore.
> 제가 라이온씨를 어디서 찾을 수 있나요? 그는 더이상 여기서 일하지 않아요.

3) Who 의문문 - 사람이름, 직업, 직책, 부서이름, 회사이름을 고른다.

Who is the guest speaker? Mr. Yamamoto is.
누가 객원연사인가요? 야마모토씨요.

Who has Mr. Rutaro's phone number? I think I do.
누가 류타로씨의 전화번호를 갖고 있나요? 제가 갖고 있는 것 같아요.

Who should I talk to about the budget? Why don't you talk to the manager?
전 예산에 대해서 누구에게 얘기해야 하나요? 매니저에게 얘기하는 것이 어때요?

Who 의문문의 답변들

Mr. Suzuki does. 스즈끼씨가요.	**AGM Corporation.** AGM 회사요.
A technician will come. 기술자가 올 거에요.	**Anyone who's interested.** 관심 있는 사람은 누구나요.
The vice president. 부사장님요.	**No one for now.** 현재로선 아무도요.
Facilities department. 시설 관리부서요.	**Someone from Marketing.** 마케팅부서의 누군가요.

4) Which 의문문 - 있는 것 중 고르라는 맥락에서 사용하며 "어떤 (것, 또는 사람)"의 의미

Which bag would you like to buy? The yellow one.
당신은 어떤 가방을 사고 싶으세요? 노란색요.

Which of the bags would you like to buy? The cheapest one.
당신은 이 가방들 중에 어떤 것을 사고 싶으세요? 가장 저렴한 거요.

Which employee received the award? John did.
어떤 직원이 상을 받았나요? 존이요.

Which 의문문의 답변들

The one at the bottom.
맨 아래에 있는 거요.

The bigger one.
더 큰 거요.

The biggest one.
가장 큰 거요.

Both of them look nice.
둘 다 좋아 보이네요.

Either will be fine.
아무거나 괜찮아요.

Neither.
둘 다 아니에요.

Whichever is bigger.
더 큰 거 아무 거나요.

Whichever tastes better.
더 맛있는 거 아무 거나요.

It doesn't matter.
상관없어요(중요하지 않아요).

It doesn't make a difference.
상관없어요(차이가 없어요).

I don't have any preference.
상관없어요(선호하는 게 없어요).

5) What 의문문- What 다음에 나오는 명사 또는 동사를 듣는다.

What's the weather like today? It's sunny.
오늘 날씨 어때요? 맑아요.

What's the price of the bag? 200 dollars.
가방 가격이 얼마에요? 200불요.

What's the estimate for the repair? 200 dollars.
수리 견적이 얼마에요? 200불요.

What's the name of the new president? Sue Adams.
새로운 사장님의 이름이 뭐에요? 수 아담스요.

What's today's date? It's the 3rd.
오늘 일자는 몇 일이에요? 오늘은 3일이에요.

What's in the box? The printer we ordered.
무엇이 박스 안에 있나요? 우리가 주문한 프린터요.

What time does the concert begin? At 5:30.
콘서트는 몇 시에 시작인가요? 5시 30분요.

What kind of shoes are you looking for? Something comfortable for hiking.
당신은 어떤 종류의 신발을 찾고 계세요? 하이킹하기 편한거요.

What are you bringing to the party? I'm thinking of a bottle of wine.
당신은 파티에 무엇을 갖고 올 건가요? 전 와인 한 병을 생각하고 있어요.

What did you learn at the workshop? How to use the new software.
당신은 워크샵에서 무엇을 배웠나요? 새로운 소프트웨어 사용하는 방법요.

6) Why 의문문 - 답변 유형만 알면 의외로 쉽게 풀 수 있다.

Q: Why are you in such a hurry? 당신은 왜 서두르세요?

Because I have a meeting at 2. 2시에 회의가 있어서요.
Because of the 2 o'clock meeting. 2시 회의 때문에요.
I have a meeting at 2. 2시에 회의가 있어요.
To attend a meeting at 2. 2시 회의에 참여하기 위해서요.
So that I can attend a meeting at 2. 2시 회의에 참여할 수 있도록요.

○ "In front of the building.", "Not until the third quarter." 등과 같은 부사구. "My families.", "Pen and pencils." 같은 명사구는 무조건 오답!

청유의문문 [~하는 것이 어때요?]

Why don't you ask for a receipt?
당신은 영수증을 요청하는 것이 어때요?

Why don't we take a short break?
우리는 짧은 휴식을 취하는 것이 어때요?

Why don't I help you?
제가 당신을 돕는 것이 어때요?

[답변] **Sure./Certainly./No problem./Why not?/I'd be happy to./I'd be glad to.**
　　　　물론이죠.　물론이죠.　　문제 없어요.　당연히 되죠.　　기꺼이요.　　　기꺼이요.

　　　　I'd be delighted to./That sounds great!/That sounds like a good idea!
　　　　기꺼이요.　　　　그거 좋아요!　　　　그거 좋은 생각이에요.

　　　　I wish I could./Sorry, I have other plans./ I'll do it later. /I already did.
　　　　제가 할 수 있으면 좋으련만.　죄송하지만, 전 다른 계획이 있어요.　나중에 할게요.　이미 했어요.

주의 　**부정의문문**

Why didn't you stop by my office?
너는 **왜** 내 사무실에 **들르지 않았니**?

[답변] **I didn't know./ I forgot./I didn't want to bother you.**
　　　전 몰랐어요.　　까먹었어요.　당신을 방해하고 싶지 않았어요.

7) How 의문문 - 여러 유형을 철저히 외우자!

❶ [기간]을 묻는 How long

> **How long are you going to stay in New York? For two weeks.**
> 당신은 얼마나 오랫동안 뉴욕에 머물 건가요? 2주 동안요.

답변] Approximately Two weeks (약 2주 동안요)./ I'll be back in two weeks(전 2주 후면 돌아와요.) / Since two years ago(2년 전부터 쭈욱요)./It depends on the situation(상황에 따라 달라요).

❷ [거리]를 묻는 How far

> **How far is it to the hotel? It's two blocks away from here.**
> 호텔까지 얼마나 먼가요? 여기서 두 블록이 떨어져 있어요.

답변] It'll take two more hours(두 시간 더 걸려요)./It's across the street(길 건너편에요).

❸ [빈도]를 묻는 의문사

> **How often do you submit the report? Once a month.**
> 당신은 얼마나 자주 보고서를 제출하나요? 한달에 한번요.

답변] Twice a day(하루에 두 번이요)./Every two weeks(2주마다요)./Whenever I can(할 수 있을 때 마다요).

❹ [수량]를 묻는 의문사

> **How many people will be attending the reception? About 200.**
> 얼마나 많은 사람들이 연회에 참여할 건가요? 약 200명요.

답변] More than I can count(제가 셀 수 있는 것 보다 더요)./Everyone from the department(부서의 모든 사람들이요)./Susan will know(수잔이 알 거에요)./It depends(상황에 따라 틀리죠).
그 외] How many pages(몇 페이지)/ How many days(며칠)/ How many times(몇 번) 등 How many 뒤의 명사까지 잘 듣고 문제를 푼다!

> **How much time do you need for the presentation? One hour.**
> 발표가 얼마나 많은 시간이 필요하세요? 한 시간요.

➡ How many 다음에는 셀 수 있는 명사, How much 다음에는 셀 수 없는 명사가 온다.

> **How much is the bag? 100 dollars.**
> 가방은 얼마에요? 100불이요.

❺ How+조동사+주어+동사? [어떻게?_방법/수단]

How can I get to the hotel? You'd better take a cab.
제가 어떻게 호텔까지 갈 수 있나요? 택시 타는 게 나아요.

How did you pay? By credit card.
당신은 어떻게 지불했나요? 신용 카드로요.

➡ 여기서 How는 동사를 꾸며주는 부사, 의미는 "어떻게"

❻ How+be+명사? [어때요?_상태/의견]

How is your new job? It's harder than I thought.
당신의 새로운 직장 어때요? 제가 생각한 것 보다 힘들어요.

How was the meeting? It went well.
회의는 어땠어요? 잘 진행 되었어요.

➡ 여기서 How는 명사를 꾸며주는 형용사, 의미는 "~은 어때요?"

❼ 이 외 알아둬야 하는 How 의문문

**How would you like your coffee?/ How do you like your coffee?
With cream and sugar please.**
커피는 어떻게 드시겠어요? 크림하고 설탕하고 함께요.

How do you like your new laptop? I like it very much.
당신의 새로운 노트북은 어때요? 굉장히 맘에 들어요.

How did the meeting go? It went well.
회의는 어땠어요? 잘 진행되었어요.

Part 2 의문사 의문문
Checkup Questions

1. (A)(B)(C) 2. (A)(B)(C) 3. (A)(B)(C) 4. (A)(B)(C) 5. (A)(B)(C) 6. (A)(B)(C) 7. (A)(B)(C)

받아쓰기 해보기

1.	5.
(A)	(A)
(B)	(B)
(C)	(C)
2.	**6.**
(A)	(A)
(B)	(B)
(C)	(C)
3.	**7.**
(A)	(A)
(B)	(B)
(C)	(C)
4.	
(A)	
(B)	
(C)	

1. Where can I buy a train ticket?
(A) It comes every fifteen minutes.
(B) At those machines over there.
(C) Yes, in the training manual.

2. When does the art exhibit open?
(A) Let me check the museum's schedule.
(B) I prefer 9 o'clock.
(C) It's pretty close by.

3. Who is in charge of taking notes at the meeting?
(A) The battery is charging.
(B) I forgot to bring it.
(C) I asked Susan to do it.

4. When shall we take a break for coffee?
(A) I have one right with me.
(B) How about 3:30?
(C) No, the copier is still broken.

5. Where do we keep the training application forms?
(A) Ask Alicia.
(B) Don't throw them away.
(C) It was about 20 pages.

6. Who has been promoted to manager?
(A) I don't know, but I can find out.
(B) No, it 's not been decided.
(C) Project management experience.

7. Where is the closest tourist information center?
(A) I'm leaving in a couple of days.
(B) Sure, I'll keep it closed.
(C) There's one on Carlton Street.

1. 제가 어디서 기차표를 살 수 있나요?
(A) 그것은 15분 마다 와요.
(B) 저기 기계에서요.
(C) 네, 교육지침서에서요.

2. 미술전시가 언제 시작하나요?
(A) 제가 박물관 일정을 확인해 보죠.
(B) 전 9시가 더 나아요.
(C). 그건 꽤 가까워요.

3. 누가 회의에서 필기 담당인가요?
(A) 배터리가 충전중이예요.
(B) 난 그것을 가져오는 것을 까먹었어요.
(C) 전 수잔에게 그것을 해달라고 요청했어요.

4. 우리는 언제 커피를 마시기 위해 휴식을 가질까요?
(A) 저는 하나를 지금 갖고 있어요.
(B) 3시 30분은 어때요?
(C) 아니에요. 복사기가 여전히 고장이 나있어요.

5. 우리는 교육 신청서를 어디에 보관하나요?
(A) 앨리시아에게 물어보세요.
(B) 그것들을 버리지 마세요.
(C) 그것은 약 20페이지 였어요.

6. 누가 매니저로 승진이 되었나요?
(A) 모르겠어요. 하지만 제가 알아볼 수 있어요.
(B) 아니에요. 그것은 결정이 안되었어요.
(C) 프로젝트 관리 경험이요.

7. 가장 가까운 관광 정보 센터는 어디에 있나요?
(A) 전 이틀 후에 떠날 거예요.
(B) 물론이죠, 전 그것을 닫은 채로 둘 거예요.
(C) 칼튼거리에 하나가 있어요.

Part 2 의문사 의문문
Checkup Questions

1. (A)(B)(C)　2. (A)(B)(C)　3. (A)(B)(C)　4. (A)(B)(C)　5. (A)(B)(C)　6. (A)(B)(C)　7. (A)(B)(C)

받아쓰기 해보기

1.	5.
(A)	(A)
(B)	(B)
(C)	(C)
2.	**6.**
(A)	(A)
(B)	(B)
(C)	(C)
3.	**7.**
(A)	(A)
(B)	(B)
(C)	(C)
4.	
(A)	
(B)	
(C)	

1. What did you think of the president's speech?
(A) The presentation on new products.
(B) I learned a lot.
(C) I think I will.

2. What time are we supposed to meet with the client?
(A) It's down the hall.
(B) I don't suppose so.
(C) At 5:30, I think.

3. Which form should I fill out first?
(A) I'm not done with the proposal.
(B) The one on the right.
(C) The position hasn't been filled yet.

4. What's the name of the real estate agent you used last time?
(A) I'll have to look it up.
(B) We haven't been informed of the delay.
(C) Yes, I am used to it.

5. What's the problem with the printer?
(A) No, not until 3 o'clock.
(B) This also comes in black.
(C) It's out of ink.

6. What did you learn in the workshop?
(A) A while ago.
(B) How to use the new software.
(C) Why? Can't you go?

7. Which airline are you taking to Berlin?
(A) The flight hasn't departed yet.
(B) No, maybe later.
(C) I'll use North Wind Airlines.

---

1. 사장님의 연설에 대해 어떻게 생각했나요?
(A) 신상품에 관한 발표요.
(B) 전 많이 배웠어요.
(C) 제가 그럴 거라고 생각해요.

2. 우리는 몇 시에 고객을 만날 예정인가요?
(A) 그것은 복도 아래쪽에 있어요.
(B) 난 그렇게 생각하지 않아요.
(C) 제 생각엔 5시 30분에요.

3. 제가 어떤 서류부터 작성해야 하나요?
(A) 저 아직 제안서를 못 끝냈어요.
(B) 오른쪽에 있는 거요.
(C) 그 자리는 아직 안 찼어요(아직 사람을 고용하지 않았어요).

4. 당신이 마지막으로 이용했던 부동산 중개업자의 이름이 무엇인가요?
(A) 제가 찾아봐야 해요.
(B) 우리는 그 지연에 대해 연락을 못 받았어요.
(C) 그래요. 난 그것에 익숙해요.

5. 무엇이 프린터의 문제인가요?
(A) 아니요. 3시나 되어서요.
(B) 이것도 역시 검정색으로도 (물건이) 나와요.
(C) 잉크가 바닥났어요.

6. 당신은 워크샵에서 무엇을 배웠나요?
(A) 좀 전에요.
(B) 새로운 소프트웨어 사용하는 방법이요.
(C) 왜요? 못 가세요?

7. 당신은 베를린까지 어떤 항공사를 탈건가요?
(A) 비행기가 아직 출발하지 않았어요.
(B) 아니에요. 아마 나중에요.
(C) 전 노스윈드 항공사를 이용할 거에요.

Part 2 의문사 의문문
Checkup Questions

1. (A)(B)(C) 2. (A)(B)(C) 3. (A)(B)(C) 4. (A)(B)(C) 5. (A)(B)(C) 6. (A)(B)(C) 7. (A)(B)(C)

받아쓰기 해보기

1.
(A)
(B)
(C)

2.
(A)
(B)
(C)

3.
(A)
(B)
(C)

4.
(A)
(B)
(C)

5.
(A)
(B)
(C)

6.
(A)
(B)
(C)

7.
(A)
(B)
(C)

1. Why don't we take a cab to the airport?
(A) I don't have any.
(B) It might be quicker.
(C) Not very long.

1. 우리 공항까지 택시 탈래요?
(A) 전 아무것도 갖고 있지 않아요.
(B) 그게 더 빠를 수 있겠네요.
(C) 그렇게 길지 않아요.

2. How do you get to work?
(A) I enjoy it.
(B) On the third.
(C) I ride a bike.

2. 당신은 출근을 어떻게 하나요?
(A) 전 그것이 좋아요.
(B) 3일에요.
(C) 전 자전거를 타요.

3. Why didn't you ask for a receipt?
(A) Take some right with you.
(B) I didn't think it was necessary.
(C) On the table.

3. 당신은 왜 영수증을 요청하지 않았나요?
(A) 몇 개(조금) 가져가.
(B) 난 그것이 필요하다고 생각하지 않았어요.
(C) 테이블 위에요.

4. How many guests attended the event?
(A) Not necessarily.
(B) Not as many as we expected.
(C) It's two blocks away from here.

4. 얼마나 많은 손님들이 행사에 참여했나요?
(A) 꼭 그렇진 않아요.
(B) 우리가 예상한 것만큼은 아니에요.
(C) 그것은 여기서 두 블록이 떨어져 있어요.

5. Why has the conference been relocated?
(A) So that more people can attend.
(B) I'm sorry I missed it.
(C) One of the conference calls.

5. 회의가 왜 장소가 바뀌었나요?
(A) 더 많은 사람들이 참여할 수 있도록요.
(B) 전 그것을 놓쳐서 유감이에요.
(C) 전화 회의 중에 하나요.

6. How long will it take to get to the station?
(A) It depends on traffic.
(B) Not that I know of.
(C) At around 1.

6. 역까지 가는 데 얼마나 걸릴 건가요?
(A) 교통상황에 따라 틀려요.
(B) 제가 알기로는 아니에요.
(C) 약 한시에요.

7. How's your new job?
(A) We have a job opening.
(B) No, they left for the day.
(C) It's harder than I expected.

7. 당신의 새로운 직장은 어때요?
(A) 우리 일자리 공석이 있어요.
(B) 아니에요, 그들은 퇴근했어요.
(C) 생각보다 힘들어요.

Part 2 의문사 의문문
Checkup Questions

1. (A)(B)(C)　2. (A)(B)(C)　3. (A)(B)(C)　4. (A)(B)(C)　5. (A)(B)(C)　6. (A)(B)(C)　7. (A)(B)(C)

받아쓰기 해보기	
1.	**5.**
(A)	(A)
(B)	(B)
(C)	(C)
2.	**6.**
(A)	(A)
(B)	(B)
(C)	(C)
3.	**7.**
(A)	(A)
(B)	(B)
(C)	(C)
4.	
(A)	
(B)	
(C)	

1. How can I get to the nearest pharmacy?
(A) I need to get the prescription filled.
(B) It's open until 4.
(C) Turn left at the intersection.

2. Which applicant do you think is qualified for the job?
(A) I think Nelson is.
(B) The grant application is due on Tuesday.
(C) Sure, I'll take it.

3. How often do you visit the factory?
(A) Yes, just a little.
(B) Whenever I can.
(C) As soon as he arrives.

4. What form of payment would you prefer?
(A) My former address.
(B) I'll use a credit card.
(C) I prefer a softer one.

5. Who should I call to register for the workshop?
(A) Actually, it's been cancelled.
(B) Martinez will order it.
(C) The shop isn't open yet.

6. How do you like your new laptop?
(A) No, it's broken.
(B) We don't accept cash.
(C) I'm happy with it.

7. Why haven't the books I ordered arrived yet?
(A) There was a problem with the truck.
(B) Oh, did you?
(C) It's out of order.

1. 가장 가까운 약국은 어떻게 갈 수 있나요?
(A) 전 처방전에 따라 약을 받아야 해요.
(B) 거긴 4시까지 문이 열려 있어요.
(C) 교차로에서 좌회전하세요.

2. 당신이 생각하기에는 어떤 지원자가 그 일에 적임자라고 생각하나요?
(A) 저는 넬슨이라고 생각해요.
(B) 장학금 신청은 화요일에 마감이에요.
(C) 네, 제가 그것을 가져갈게요(살게요).

3. 당신은 얼마나 자주 공장에 방문하나요?
(A) 네, 아주 조금만요.
(B) 제가 갈 수 있을 때마다요.
(C) 그가 도착하자마자요.

4. 당신은 어떤 지불형식을 선호하시나요?
(A) 제 이전 주소요.
(B) 전 신용카드를 사용할게요.
(C) 전 더 부드러운 것이 좋아요.

5. 제가 워크샵을 등록하려면 누구에게 전화해야 하나요?
(A) 사실, 그거 취소되었어요.
(B) 마티네즈가 그것을 주문할 거에요.
(C) 그 가게는 아직 문이 열리지 않았어요.

6. 당신의 새로운 노트북 어때요?
(A) 아니에요, 그것은 부서졌어요.
(B) 우리는 현금을 받지 않아요.
(C) 전 맘에 들어요.

7. 제가 주문한 책이 왜 아직 도착하지 않았죠?
(A) 트럭에 문제가 있었어요.
(B) 아, 너가 그랬니?
(C) 그것은 고장났어요.

Part 2 일반의문문 이해하기

 **Do 의문문**

주어가 복수인 경우 아니면 2인칭 주어(you)이면서 현재시제인 경우에는 **Do**, 주어가 3인칭 단수이면서 현재시제인 경우는 **Does**, 주어의 단·복수에 상관없이 과거 시제인 경우에는 **Did**로 시작한다.

I **go** to work by bus every day. 나는 매일 버스 타고 출근해.

Do you **go** to work by bus every day? 너는 매일 버스 타고 출근하니?

▶ 현재시제는 반복되는 습관, 회사 정책, 일반 사실 등을 의미할 때 사용.

She **has** a meeting at 2 o'clock. 그녀는 2시에 회의가 있어.

Does she **have** a meeting at 2 o'clock? 그녀는 2시에 회의가 있니?

▶ 이 문장에서 [has]은 [회의를 '갖다'] 라는 의미의 일반동사이므로 Do 조동사 사용.
▶ 또한, [has]는 have[동사 원형]로 변경.

The manager **approved** the proposal. 매니저가 제안서를 승인했어.

Did the manager **approve** the proposal? 매니저가 제안서를 승인했어?

▶ 또한, [approved]는 approve[동사 원형]로 변경.

I **have to** attend a meeting. 나는 회의에 참여해야 해.

Do you **have to** attend a meeting? 너는 회의에 참여해야 하니?

▶ [have to]는 조동사 취급만 하고, 일반동사로 간주. 따라서 **do** 조동사 사용.

2. Be 의문문 - 평서문에서 Be 동사만 앞으로 빼면 된다!

1) 2형식 문장

She is the new president. 그녀는 새로운 사장님이야.

Is she the new president? 그녀는 새로운 사장님이니?

▶ [명사]와 [명사]를 be동사로 연결하면 두 명사는 [A=B이다] 의미의 동격.

The project was successful. 프로젝트는 성공적이었어.

Was the project successful? 프로젝트는 성공적이었니?

▶ [be 동사]와 [형용사]가 만나면 [동사]가 됨.

The manager is in the office. 매니저는 사무실에 있어요.

Is the manager in the office? 매니저는 사무실에 있나요?

▶ [전치사구]앞의 [be]동사는 [있다, 존재하다]의 의미.

The meeting was delayed. 회의가 지연되었어.

Was the meeting delayed? 회의가 지연되었니?

▶ [be + p.p.] 는 보통 수동태.
▶ [Be 동사] 뒤에는 동사원형이 절대 올 수 없다!

They are flying to New York. 그들은 뉴욕으로 비행기타고 갈 거야.

Are they flying to New York? 그들은 뉴욕으로 비행기타고 갈거니?

▶ [be + ~ing]는 [가까운 미래시제]로도 많이 사용.
▶ [Be 동사] 뒤에는 동사원형이 절대 올 수 없다!

2) [Is there +명사?] _ 의미는 [~이 있습니까?]

There is a pharmacy. 약국이 있어요.

Is there a pharmacy? 약국이 있나요?

Are there parks? 공원들이 있나요?

Was there a park? 공원이 있었습니까?

Were there parks? 공원들이 있었습니까?

3) [Be going to 동사원형] _의미는 [~할 예정이다]

Are you going to see the movie tonight? 당신은 오늘 밤 영화를 볼 예정인가요?

○ "Are you going to the meeting(너 회의에 갈거니)?" 에서 [be going]은 [갈 것이다]라는 의미의 가까운 미래의 일반동사!

4) [Be able to 동사원형] _의미는 [~할 수 있다]

I am able to work overtime. 나는 시간외 근무 할 수 있어요.

Are you able to work overtime? 당신은 시간외 근무 할 수 있나요?

▶ [be able to]의 미래시제 의문문은 [Will you be able to ~(~할 수 있습니까?)]
▶ [be able to]의 과거시제 의문문은 [Were you able to ~(~할 수 있었나요?)]

5) [Be supposed to 동사원형] _의미는 [~할 예정이다/~해야 한다]

She is supposed to leave at 2. 그녀는 2시에 떠날 예정이야(떠나야 해).

Is she supposed to leave at 2? 그녀는 2시에 떠날 예정이니(떠나야 하니)?

3. Have 의문문 – 평서문에서 Have 또는 has 만 앞으로 빼면 된다!

I have bought a house. 저는 집을 샀어요.

Have you bought a house? 당신은 집을 샀나요?

The package has arrived. 소포가 도착했어요.

Has the package **arrived?** 소포가 도착했나요?

▶ 완료시제는 딱히 시점을 밝히기가 애매할 때 사용하거나, 과거의 행동이 현재까지 영향을 미칠 때 사용한다. 완료시제는 한국어에는 없는 시제라 처음 영어 공부하는 친구들이 어려움을 겪는다.

▶ 하지만 걱정할 것 없다! [과거시제]와 [완료 시제]는 의문문에서 모두 과거시제로 해석하면 된다.

Have you bought a house? 너 집 샀니?
Did you **buy** a house? 너 집 샀니?

Has the package **arrived?** 소포가 도착했나요?
Did the package **arrive?** 소포가 도착했나요?

4. can 의문문 _ 보통 상대방에게 부탁할 때 사용

Can you help me with the printer?
너 프린터 (사용하는 거) 도와줄래?

Could you help me with the printer?
당신 프린터 (사용하는 거) 도와줄 수 있나요?

▶ [Can you ~?]는 [~해줄래?]의 반말! [Could you~?]는 [~해줄래요?]의 존댓말!
▶ [Could you~?]는 [~할 수 있었나요?]라는 과거의 가능성을 묻는 의미가 전혀 없다! [~할 수 있었나요?]라는 과거의 가능성은 [Were you able to ~?]라고 묻는다.
▶ [Can they meet the demand?]는 [그들이 수요를 맞출 수 있을까?]라고 가능성의 의미로 해석한다. can의 기본적인 의미는 "할 수 있다"이다.

> **Can 의문문의 답변유형**
>
> 물론이죠!
> **Sure./Certainly./No problem./ Why not?**
>
> 기꺼이요(그럼 좋죠!)
> **I'd be happy to./I'd be glad to./ I'd be delighted to.**
>
> 〈거절의 답변〉
> **I'm afraid I can't./ I'm sorry I can't. /I have other plans.**
> 죄송하지만 안 되겠네요.   저 다른 계획이 있어요.

Will 의문문 - 미래시제 또는 고집

1) **고집** – [will +동사원형]은 [꼭 ~할거야]라는 고집의 의미. 따라서 [Will you + 동사원형]은 상대방의 고집을 꺾는 반말의 명령문!

I will turn off the gas. 난 꼭 가스 끌 거야.

Will you turn off the gas? 가스 좀 끌래?

2) **미래** – [will + be ~ing]는 [~할 계획이야]의 미래의 단순 계획의 의미!

I will be moving to Toronto. 난 이사 갈 계획이야.

Will you be moving to Toronto? 너 토론토로 이사 갈 계획이니?

Would 의문문 - 정중한 부탁 또는 권유

Would you help me with the printer?
당신은 제가 프린터 (사용하는 거) 도와줄 수 있으신가요?

▶ [Would you~?]는 [~해주실래요?]의 아주 정중한 부탁!

Would you like water?
당신은 물을 원하세요?

▶ [Would you like~?]는 [~을 원하세요?]의 권유의 표현! Water(명사)는 like의 목적어.

Would you like to drink water?

당신은 물 마시길 원하세요?

▶ 'to drink water'는 [물 마시는 것]이라는 의미의 명사역할로 like의 목적어.

Would you like me to help you?

당신은 제가 당신을 돕기를 원하세요?

▶ 5형식 문장으로서 'me to help you'는 [내가 당신을 도와주는 것]이라는 의미의 명사역할로 like의 목적어. "Would you like me to V?"는 [제가 ~해 드릴까요?]라는 제안의 표현으로 상당히 자주 출제 된다. 달달 외우자! 참고로 "Thank you." 또는 "No, thank you."의 의미의 답변이 자주 나온다.

Should 의문문 - [~해야 한다]의 의무

Should I call the manager?

제가 매니저에게 전화해야 하나요?

Should we call the manager?

우리가 매니저에게 전화해야 하나요?

could, would, should 등의 또 다른 의미

It is good. 그것은 좋아요.

It can be good. 그것은 좋을 수 있어요

It could be good. / I could go there.

그것은 좋을 수 있을 거에요. / 전 갈 수 있을 거에요.

It will be good. 그것은 좋을 거에요.

It would be good. / I would suggest going hiking.
그것은 좋을 거에요. / 전 하이킹가는 것을 추천 할게요.

It should be good. 그건 좋을 거에요.

It must be good. 그것은 좋은 게 틀림없어요.

▶ should, could, would 는 "약한 어조"의 표현으로 현재시제에서도 사용.

 **기타 조동사**

I'd better go. 난 가는 게 낫겠어요.

I'd rather go. 난 차라리 갈래요.

It might be good. 그건 아마 좋을 수 있을 거에요.

May I have the check? 계산서를 받을 수 있을까요?

Shall we dance? 우리 춤 출까요?

10. 선택의문문 - A or B 의문문에서 A와 B는 병렬구조

Would you like coffee or tea? Either would be fine
커피 마실래? 차 마실래? 아무거나 괜찮아요.

Is the chair arriving today or tomorrow? Neither, it will be delivered next week.
의자가 오늘 오니? 내일 오니? 둘 다 아니고 다음 주에 배송 될 거야.

Do you want to walk in the park or ride a bike? Let's take a walk.
너 공원에서 걷고 싶니 아니면 자전거를 타고 싶니? 우리 걷자.

Are you driving or flying to New York? I booked a flight.
너 뉴욕으로 운전하고 가니? 비행기타고 가니? 난 비행기를 예약했어.

Are you busy or can you help me? I'll be available at 2.
바쁘니? 그렇지 않으면 날 도와줄 수 있어? 나 2시에는 시간이 돼.

▶ 문장과 문장이 연결된 선택의문문에서는 앞문장만 들어도 문제를 충분히 풀 수 있다.

선택 의문문의 답변들 _ Which 의문문과 많이 겹친다.

Both of them look nice. 둘 다 좋아요.	**Whichever is bigger.** 더 큰 거 아무 거나.
Either will be fine. 아무거나 괜찮아요.	**It doesn't matter.** 상관없어요(중요하지 않아요).
Neither. 둘 다 아니에요.	**It doesn't make a difference.** 상관없어요(차이가 없어요).
Whichever tastes better. 맛있는 거 아무 거나.	**I don't have any preference.** 상관없어요(선호하는 게 없어요).

※ 선택의문문에서는 **Yes/No** 답은 무조건 오답!

11. 간접의문문

Do you know where the meeting will be held?
너는 회의가 어디서 열리는 지 알고 있니?
Do you know ~? + Where will the meeting be held?

Can you tell me why the game has been delayed?
너는 경기가 왜 지연되었는지 나에게 얘기해 줄 수 있니?
Can you tell me ~? + Why has the game been delayed?

Do you remember when I returned Bill's call?
내가 언제 빌의 전화를 회신했는 지 기억하니?
Do you remember + When did I return Bill's call?

간접의문문 공략법

- 의문문이 명사절(동사의 목적어 역할)로 쓰일 때는 평서문과 같은 어순으로 쓴다.
- 중간에 있는 의문사만 듣고 의문사에 대한 답을 고르면 된다.
- 일반의문문이므로 **Yes/No** 대답은 가능하다.

 ## 12. 부정의문문

Do you want to take a break? 너 휴식을 갖고 싶니?
Don't you want to take a break? 너 휴식을 갖고 싶지?

부정의문문은 내가 생각하는 바를 상대방에게 확인 차 물어보는 의문문이다. **따라서, 부정의문문은 긍정으로 해석한다.**
Do you want to take a break? 라고 긍정으로 묻던, **Don't you want to take a break?** 라고 부정으로 묻던, 휴식을 취하고 싶으면 **Yes**, 휴식을 취하고 싶지 않으면 **No** 라고 답을 한다.

의문문 답변 이해하기

Do you have a copy of the manual?	Yes, I **do**.
	No, I **don't**.
Did you get my email?	Yes, I **did**.
	No, I **didn't**.
Does the store carry the bag?	Yes, it **does**.
	No, it **doesn't**.
Is she the company president?	Yes, she **is**.
	No, she **isn't**.
Was the game delayed?	Yes, it **was**.
	No, it **wasn't**.
Are they getting used to the job?	Yes, they **are**.
	No, they **aren't**.
Are you happy with your computer?	Yes, I **am**.
	No, I**'m not**.
Have you been to the new market?	Yes, I **have**.
	No, I **haven't**.
Has the game been delayed?	Yes, it **has**.
	No, it **hasn't**.
Will you be travelling to New York?	Yes, I **will**.
	No, I **won't**.

Part 2 일반의문문
Checkup Questions

1. (A)(B)(C) 2. (A)(B)(C) 3. (A)(B)(C) 4. (A)(B)(C) 5. (A)(B)(C) 6. (A)(B)(C) 7. (A)(B)(C)

받아쓰기 해보기

1.	5.
(A)	(A)
(B)	(B)
(C)	(C)
2.	**6.**
(A)	(A)
(B)	(B)
(C)	(C)
3.	**7.**
(A)	(A)
(B)	(B)
(C)	(C)
4.	
(A)	
(B)	
(C)	

1. Did you get my email?
(A) No, I've been away.
(B) I haven't seen him yet.
(C) The post office was closed.

2. Can you stop by my office an hour early on Wednesday?
(A) It's already been sent.
(B) I should be able to do that.
(C) Sydney is the last stop.

3. Would you like anything else?
(A) I haven't received it yet.
(B) Could you carry it for me?
(C) No, I'm already full.

4. Could you schedule a luncheon for Thursday?
(A) To get some lunch.
(B) Yes, it's scheduled to depart at 3.
(C) Sure, who should I invite?

5. Is the cafeteria open until 9?
(A) It closes at 6 on Sunday.
(B) We should stay late today.
(C) Why don't you call a meeting?

6. Didn't you hear about Maria's retirement?
(A) No, she doesn't look tired.
(B) Yes, at the board meeting this morning.
(C) We celebrated the anniversary.

7. Have you met the new personnel director?
(A) Not yet, have you?
(B) I asked for directions.
(C) We missed the deadline.

1. 당신은 제 이메일을 받았나요?
(A) 아니요, 제가 떠나 있었어요.
(B) 아직 그를 못 봤어요.
(C) 우체국이 닫혀있었어요.

2. 수요일에 한 시간 일찍 내 사무실에 들를 수 있나요?
(A) 그건 이미 보냈어요.
(B) 제가 할 수 있을 거에요.
(C) 시드니가 마지막 정거장이에요.

3. 다른 거 드시겠어요(원하세요)?
(A) 전 아직 그것을 받지 못했어요.
(B) 당신은 그것을 나를 위해 들어 줄 수 있나요?
(C) 아니요, 전 이미 배가 불러요.

4. 오찬을 목요일로 잡아 주실 수 있나요?
(A) 점심을 먹기 위해서요.
(B) 네, 그건 3시에 떠날 예정이에요.
(C) 물론이죠, 제가 누구를 초대해야 하나요?

5. 카페가 9시까지 열려있나요?
(A) 일요일에는 6시에 문을 닫아요.
(B) 우린 오늘 늦게 까지 있어야 해요.
(C) 당신이 회의를 소집하는 것이 어때요?

6. 당신은 마리아의 퇴직에 관해 얘기를 들어보셨나요?
(A) 아니에요, 그녀는 피곤해 보이지 않아요.
(B) 네, 오늘 오전 이사회 회의에서요.
(C) 우리는 기념일을 축하했어요.

7. 당신은 새로운 인사부 이사를 만나보셨나요?
(A) 아직 아니요, 당신은요?
(B) 전 약도를 달라고 부탁했어요.
(C) 저희는 마감일을 놓쳤어요.

Part 2 일반의문문
Checkup Questions

1. (A)(B)(C)　2. (A)(B)(C)　3. (A)(B)(C)　4. (A)(B)(C)　5. (A)(B)(C)　6. (A)(B)(C)　7. (A)(B)(C)

받아쓰기 해보기

1.	5.
(A)	(A)
(B)	(B)
(C)	(C)
2.	**6.**
(A)	(A)
(B)	(B)
(C)	(C)
3.	**7.**
(A)	(A)
(B)	(B)
(C)	(C)
4.	
(A)	
(B)	
(C)	

1. Would you like me to move the desk close to the window?
(A) They are not on your desk.
(B) Sorry, I don't have any.
(C) That will be very helpful.

1. 당신은 제가 책상을 창문 가까이로 옮기길 원하세요?
(A) 그것들은 당신 책상 위에 없습니다.
(B) 죄송한데, 전 아무것도 갖고 있지 않아요.
(C) 그것은 매우 도움이 될 거에요.

2. Are you going to take the new client to the new restaurant tonight?
(A) She certainly is.
(B) No, she's leaving this afternoon.
(C) Actually, I'll take a cab.

2. 오늘 밤 당신은 새로운 고객을 새로운 식당으로 데려갈 건가요?
(A) 그녀는 확실히 그래요.
(B) 아니에요, 그녀는 오늘 오후에 떠날 거에요.
(C) 사실 전 택시를 탈 거에요.

3. Shouldn't we call Dr. Lee now or wait until tomorrow?
(A) Tomorrow would be better.
(B) You'd better weigh it on the scale.
(C) No, I don't think he is.

3. 우리는 이 박사님께 전화해야 하나요 아니면 내일까지 기다려야 하나요?
(A) 내일이 더 나을 거에요.
(B) 당신은 그것을 저울에 무게를 재는 것이 나아요.
(C) 아니요, 전 그가 그렇다고 생각하지 않아요.

4. Will you be sending Dr. Park the budget proposal?
(A) His office is located nearby.
(B) No, at the post office.
(C) Right after I check the numbers.

4. 당신은 박 박사님에게 예산 제안서를 보낼 건가요?
(A) 그의 사무실은 가까운 곳에 위치하고 있어요.
(B) 아니에요, 우체국에서요.
(C) 숫자를 확인하고 바로 직후에요.

5. Do you drive to work?
(A) I take a bus.
(B) Yes, I'd better walk.
(C) The tire's been replaced.

5. 당신은 직장까지 운전하시나요?
(A) 전 버스를 타요.
(B) 네, 전 걸어갈래요.
(C) 타이어가 교체가 되었어요.

6. Wasn't the presentation hard to understand?
(A) I liked her present.
(B) Yes, just a few.
(C) It was easy for me.

6. 발표가 이해하기 어려웠죠?
(A) 전 그녀의 선물이 좋았어요.
(B) 네, 몇 개요.
(C) 저한텐 쉬웠어요.

7. Could I take a look at the product catalogue?
(A) I'll keep the one I have.
(B) Sure, look at my top drawer.
(C) To improve productivity.

7. 제가 상품 카탈로그를 볼 수 있을까요?
(A) 제가 갖고 있는 거 그냥 쓸게요.
(B) 물론이죠, 저의 제일 위 서랍을 보세요.
(C) 생산성을 올리기 위해서요.

Day 14

Part 2 일반의문문
Checkup Questions

1. (A)(B)(C)   2. (A)(B)(C)   3. (A)(B)(C)   4. (A)(B)(C)   5. (A)(B)(C)   6. (A)(B)(C)   7. (A)(B)(C)

받아쓰기 해보기	
1.	**5.**
(A)	(A)
(B)	(B)
(C)	(C)
2.	**6.**
(A)	(A)
(B)	(B)
(C)	(C)
3.	**7.**
(A)	(A)
(B)	(B)
(C)	(C)
4.	
(A)	
(B)	
(C)	

1. Will the annual conference be held in Seattle or Boston?
(A) How did the meeting go?
(B) It hasn't been decided yet.
(C) Actually, I'm taking time off.

1. 연례 회의가 시애틀에서 열리나요? 보스톤에서 열리나요?
(A) 회의는 어땠나요?
(B) 아직 결정이 나지 않았어요.
(C) 사실 전 휴가 갈 거에요.

2. Can't you meet me at my office at three o'clock?
(A) It's right around the corner.
(B) Could we possibly meet earlier than that?
(C) Yes, I've got it.

2. 당신은 3시에 사무실에서 저를 만날 수 있나요?
(A) 그것은 모퉁이 돌자 마자 있어요.
(B) 우리가 그것보다는 일찍 만날 수 있나요?
(C) 네, 전 그것을 갖고 있어요.

3. Wasn't Mark supposed to go to Shanghai?
(A) Popular vacation destinations.
(B) His trip was cancelled.
(C) Several production facilities.

3. 마크는 상하이에 갈 예정이었었죠?
(A) 인기가 많은 휴가지들이요.
(B) 그의 여행은 취소되었어요.
(C) 몇 개의 생산 설비요.

4. Do you know where I can get printer paper?
(A) From the closet
(B) As soon as I finish the report.
(C) The copier hasn't been fixed.

4. 제가 어디서 프린터 종이를 얻을 수 있는 지 알고 있나요?
(A) 캐비닛에서요.
(B) 제가 보고서를 끝내지마자요.
(C) 복사기는 수리가 안 되었어요.

5. Has the manager signed the rental agreement yet?
(A) Could you lend me one?
(B) No, it wasn't ready yet.
(C) Yes, I found it informative.

5. 매니저가 임대 계약을 체결했나요?
(A) 저에게 하나를 빌려주시겠어요?
(B) 아니요, 계약서가 아직 준비가 안되었어요.
(C) 네, 난 그것이 유용하다고 생각했어요.

6. Weren't you at the banquet last Friday?
(A) I don't mind waiting.
(B) No, I was out of town.
(C) It's on Saturday.

6. 당신은 지난 금요일에 연회에 있었죠?
(A) 전 기다려도 상관없어요.
(B) 아니에요, 전 출장 중이었어요.
(C) 그것은 토요일에 있어요.

7. Would you rather be seated inside or out on the patio?
(A) I prefer to sit outside.
(B) Sorry, we don't have any seats available.
(C) A table for three, please.

7. 안에 앉으시겠어요 아니면 바깥 뜰 자리에 앉으시겠어요?
(A) 전 바깥에 앉는 것이 더 좋아요.
(B) 죄송하지만, 저희가 빈 좌석이 없네요.
(C) 세 명 자리 부탁 드려요.

Part 2 일반의문문
Checkup Questions

1. (A)(B)(C)　2. (A)(B)(C)　3. (A)(B)(C)　4. (A)(B)(C)　5. (A)(B)(C)　6. (A)(B)(C)　7. (A)(B)(C)

받아쓰기 해보기

1.	5.
(A)	(A)
(B)	(B)
(C)	(C)
2.	**6.**
(A)	(A)
(B)	(B)
(C)	(C)
3.	**7.**
(A)	(A)
(B)	(B)
(C)	(C)
4.	
(A)	
(B)	
(C)	

1. Did you hear why the concert was rescheduled?
(A) I can't find the directions.
(B) It is in the Jukeberry Park.
(C) The weather was bad.

2. Is there a pharmacy in this part of town?
(A) The closest one is on Broad Street.
(B) Yes, I recommend him.
(C) I'm waiting for a part.

3. Can you repair the printer or should we call a technician?
(A) I'll see if I can fix it.
(B) There's a misprint in the brochure.
(C) John left a message for you.

4. Doesn't that accountant work in our building?
(A) The accounting training session starts at 10.
(B) Yes, on the fifth floor.
(C) No, it's in the online directory.

5. Haven't you found your address book yet?
(A) No and I've looked everywhere.
(B) The workplace dress code.
(C) Yes, I made a reservation.

6. Could you join us for dinner this evening?
(A) I saw it the other day.
(B) No, they couldn't.
(C) I already have plans.

7. Is this the latest edition?
(A) No, I don't.
(B) Yes, it's this month's issue.
(C) He is an editor.

1. 당신은 왜 콘서트가 일정이 바뀌었는지 들었나요?
(A) 전 약도를 찾을 수가 없어요.
(B) 그건 주크베리 공원에 있어요.
(C) 날씨가 좋지 않았어요.

2. 도시 이 근방에 약국이 있나요?
(A) 가장 가까운 약국은 브로드가에 있어요.
(B) 네, 전 그를 추천해요.
(C) 전 부품을 기다리고 있어요.

3. 프린터를 고쳐주실 수 있으세요? 그렇지 않으면 저희가 기술자를 불러야 하나요?
(A) 제가 고칠 수 있는 지 볼게요.
(B) 책자에 인쇄가 잘 못 된 것이 있네요.
(C) 존이 당신 앞으로 메시지를 남겼어요.

4. 저 회계사는 우리 건물에서 일하지요?
(A) 회계 교육은 10시에 시작해요.
(B) 네, 5층에서요.
(C) 아니요, 그것은 온라인 안내서에 있어요.

5. 당신은 주소록을 찾았나요?
(A) 아니요, 그런데 모든 곳을 찾아보긴 했어요.
(B) 직장의 복장 규정이요.
(C) 네, 제가 예약했어요.

6. 오늘 저녁 저희랑 같이 할래요?
(A) 전 그것을 몇 일 전에 봤어요.
(B) 아니요, 그들은 할 수 없었어요.
(C) 저 이미 계획이 있어요.

7. 이것이 최신 판인가요?
(A) 아니요, 전 그렇지 않아요.
(B) 네, 그것은 이달 호에요.
(C) 그는 편집자에요.

Part 3 맛보기

1. 구성과 질문 유형

일상생활 혹은 비즈니스에 관련한 남녀[혹은 동성간의]의 대화로 구성되며, 41번부터 71번까지의 문제를 풀어야 한다. 총 10개의 대화가 나오며 각 대화 당 3개씩의 문제를 풀어야 하고, 문제지에는 질문과 해당 질문에 대한 (A)(B)(C)(D) 4개의 보기가 제시된다. 그 중 가장 적절한 답을 선택한다.

각 대화의 3개의 문제 중 첫 번째 문제는 보통 '여자 혹은 남자의 직업', '대화 장소' 또는 '대화의 주제'를 묻는 일반적인 질문이 나온다. 나머지 두 개의 문제는 세부정보 예를 들어, '오늘 오후에 여자가 무엇을 했는지' '여자의 문제(problem)가 무엇인지' 아니면 '남자는 왜 회의에 참석을 못 했는지' 등을 묻는다. 특히 파트 3 공략을 위해 자주 반복되는 질문을 자연스럽게 빠르게 해석할 수 있게 익힌다.

2. 문제 풀기 전략

1) 반드시 문제를 미리 읽고 문제의 답을 노려 듣기 한다.

미리 질문과 보기를 읽고, 3개의 질문을 기억하면서 '목표정보를 노려 듣기'한다. 세부 정보를 풀어야 하는 경우에는 기억하기가 까다롭기 때문에 대화를 다 듣고 풀려고 하면 실수를 할 수 밖에 없다.

2) 안 풀리는 문제는 포기하고 다음 문제로 넘어 가라.

지나간 문제를 붙들고 있을 때는 자신만의 소설을 쓰고 있는 것뿐이다. 특히, 대화문이 끝난 후에도 해당 문제를 풀지 못했다면 연연해하지 말고 다음 대화문의 질문 3개로 빨리 넘어가라. 다음 대화의 3개 질문과 보기를 미리 읽는 것이 훨씬 더 높은 점수를 받을 수 있는 전략이다.

3) 문제는 순서대로 나온다.

대화의 순서를 무시하면서 질문의 순서가 뒤바뀌어 출제되는 경우는 거의 없다. 순서가 바뀐다고 하더라도 문장의 앞 뒤 간격이 짧은 경우다. 단, 한 문장에 2개의 답이 나오는 경우는 있다. 이를 대비해서라도 문제를 미리 읽는 것이 중요 하다.

대화가 시작되고 2-3문장이 지나갔는데 아직도 첫 번째 문제 즉 주제 문제 또는 직업 문제와 같은 일반적인 문제를 풀지 못하고 있다면 다음 두세 번째 문제를 먼저 풀어라. 대화의 주제 또는 직업을 묻는 문제는 대화를 모두 듣고 나서도 답을 고를 수 있다.

4) 대화의 앞 부분을 집중해서 들어야 한다.

무슨 얘기를 하고 있는지, 대화장소가 어디인지, 말하는 사람의 직업이 누구인지는 앞 부분에서 모두 밝힌다. 앞 부분을 놓치면 내용 전체를 이해하기가 상당히 힘들어 진다. 교재에서 대화문을 들을 때에도 앞부분의 주제문을 듣는 훈련을 해야 한다.

5) 실전 시험에서 정답은 우선 문제지에 표시하고 L/C 시험이 종료된 후 답을 OMR 카드에 옮긴다.

이는 문제지에 있는 질문과 보기에 집중하기 위해서다. OMR 카드에 바로 답안을 마킹하면서 문제를 풀면 질문과 보기에 대한 집중력이 떨어진다. 질문과 보기를 읽는 시간을 확보하는 것이 고득점을 위한 전략이다.

6) 시험지에 나열된 (A)(B)(C)(D) 보기들이 감당하기 힘들다면 과감하게 무시하고 질문 3개만 집중적으로 기억한다.

4개의 보기를 모두 미리 읽고 문제를 풀 수 있으면 좋지만 어휘력 또는 독해력이 약한 경우 보기를 보는 데 시간을 너무 쓰면 질문을 까먹거나 음성이 나오는 데도 귀가 닫혀버린다. 중요한 건 질문과 대화문 내용이다. 보기를 볼 때에도, 문제를 풀 때에도 중요한 건 계속 자신의 귀를 열고 대화 내용에 집중하는 것이다. 이는 반복적인 듣기 훈련을 통해 가능하며, 또한 대화내용에 집중하기 위해서는 어휘실력을 향상해야 한다. 모르는 단어가 너무 많으면 대화의 내용에 집중할 수 없으며 질문지의 보기 중에 익숙하지 않은 단어가 나오면 그 단어를 붙들고 고민하다가 귀가 자연스럽게 '닫히게' 된다. 귀가 닫히는 것을 막기 위해서는 단어를 외워야 한다.

파트 3 공부하기

파트 1과 2와 다를 바가 없다. '단어' 단위로 너무 짧게 잘라 듣지 않는다. '문장' 단위로 잘라서 단어들이 서로 부딪치면서 생기는 탈락이나 연음 소리를 익혀야 하고 문장의 의미를 파악해야 한다. 여러 번 들어야 하지만 그렇다고 수 십 번을 반복하면서 지칠 때까지 들을 필요가 없다. 안 들리면 소리 나는 대로 한국어로 써 봐도 되고, 스크립트를 확인한 후 그 때부터는 많이 반복해서 들어도 상관 없다. 항상 강조하지만 '해석'을 항상 확인하고 세 번씩 따라 읽는다. 읽을 수 있어야 들을 수 있다.

파트3에서 달라진 것은 음원의 길이다. '긴' 대화문을 들으면서 내용파악을 해야 하는데, 이도 훈련을 통해 가능하다. 스크립트 없이 처음부터 끝까지 쭉 대화를 들으면서 '요약' 하는 습관을 갖는다.

사실 L/C점수가 만점인 친구들도 대화문을 완벽하게 들은 것은 아니다. 전체적인 줄거리만 파악하면 충분히 만점을 받을 수 있다. L/C의 고득점 달성은 의외로 쉽다. 기본 어휘를 외우고 '줄거리'를 파악하면 된다.

# 파트 3에서 반복되는 질문 유형

What are the speakers mainly discussing?
말하는 이들은 주로 무엇을 말하고 있는가?

What is the purpose of the call?
전화의 목적은 무엇인가?

Where is the conversation taking place?
대화는 어디에서 일어나고 있는가?

Who most likely is the man?
남자는 누구인가(직업은)?

Who is the man talking to?
남자는 누구에게 얘기하고 있는가?

Who is the man (most likely) calling?
남자는 누구에게 전화하고 있는가?

What is the problem?
문제가 무엇인가?

What concern does the man mention?
남자는 어떤 걱정거리를 언급하는가?

Why is the man concerned?
남자는 왜 걱정을 하고 있는가?

What does the man ask the woman to do?
남자는 여자에게 무엇을 해달라고 부탁하는가?

What does the man suggest the woman do?
남자는 여자에게 무엇을 하라고 제안하는가?

What does the man offer to do?
남자는 무엇을 해주겠다고 하는가?

What does the man offer?
남자는 무엇을 주겠다고 하는가?

What does the man request?
남자는 무엇을 요청하는가?

What does the man ask for?
남자는 무엇을 요청하는가?

What does the man ask about?
남자는 무엇에 대해 문의하는가?

What will the man probably do next?
남자는 다음에 무엇을 할 것인가?

What is mentioned about the book?
책에 대해 무엇을 언급하는가?

What is suggested about the book?
책에 대해 무엇을 언급하는가?

Part 3 대화 Example

W: **Hello. How are the renovations of the Roxton Museum coming along?** Haven't they been affected by the storm last week?

M: Fortunately, everything has gone smoothly so far. The bad weather didn't hold us up at all. My team is expected to be done with the Museum in November as planned.

W: That's good to hear. **We plan to hold a special exhibition of Paul Washington's early paintings in mid December.**

여: 록스톤 박물관의 개보수 공사가 어떻게 되어 가나요? 지난 주 폭풍의 영향을 받지 않았나요?
남: 다행히 모든 일이 순조롭게 진행이 되었어요. 나쁜 날씨로 인해 저희 일이 지연되지는 않았어요. 우리 팀은 계획대로 11월에 박물관 작업을 완료할 예정이에요.
여: 잘 됐네요. 우리는 12월 중순에 폴 워싱턴의 초기 그림의 특별 전시를 열 예정이거든요.

★ 대화의 주제는 시작부분에 나온다. 대화의 앞 부분을 놓치면 전체 내용 파악이 어려워지므로 집중 또 집중해야 한다.

첫 문장을 듣고 바로 "이 글의 주제가 무엇이냐"는 41번 질문에 대한 답 '(B)박물관 개 보수 공사'를 선택한다. 이 문장에서도 여자가 '박물관'에서 일하고 있다는 힌트를 준다. 따라서 미리 읽은 질문을 기억하는 것이 중요하다.

☹ 대충 들으면 'storm[폭풍]' 또는 'weather[날씨]'라는 단어 '만' 듣고 '날씨'가 주제라고 착각할 수 있다.

★ 맨 마지막까지 집중해서 들었다가 미리 읽었던 43번 질문의 정답 "12월엔 미술전시가 있음을" 파악하고 정답 (B)"A painting exhibition"을 고른다.

41. What are the speakers mainly discussing?

(A) Presentation on a construction project
(B) Museum renovations
(C) Pavement repair work
(D) Weather conditions

42. Where does the woman most likely work?

(A) At a construction company
(B) In a museum
(C) A travel agency
(D) A real estate agency

43. According to the woman, what will be held in December?

(A) A special promotion
(B) A painting exhibition
(C) A welcome banquet
(D) A board meeting

41. 이들은 주로 무엇에 대해 얘기하고 있는가?

(A) 공사 프로젝트에 대한 발표
(B) 박물관 보수 공사
(C) 포장 도로 수리 작업
(D) 날씨

42. 여자는 어디에서 일하고 있는가?

(A) 건설 회사에서
(B) 박물관에서
(C) 여행사에서
(D) 부동산에서

43. 여자에 따르면, 12월에 무엇이 일어나는가?

(A) 특별 가격 행사
(B) 그림 전시
(C) 환영 연회
(D) 이사회 회의

정답 41(B), 42(B), 43(B)

파트 3 맛보기

41. What is the purpose of the call?
(A) To reschedule an appointment
(B) To make a reservation
(C) To cancel a meeting
(D) To order a new product

42. What does the man suggest the woman do?
(A) Talk to the manager
(B) Call back later
(C) Check the guest list
(D) Come at a different time

43. What will the woman probably do next?
(A) Give her name
(B) Leave the office
(C) Send an email
(D) Post a notice

받아쓰기 _빈칸을 채워보자.

Questions 41 through 43 refer to the following conversation.

W: Good afternoon, ㊶ _____
_____.

M: I'm sorry. We _____ at that time. ㊷ _____ at 6 o'clock. ㊷ _____
_____?

W: Actually, _____ because then we can come directly from work.

M: Okay, ma'am. ㊸ Then, _____
_____ so I can put you down for 4 people at 6 o'clock Thursday night.

| 41 | B | 42 | D | 43 | A |

Questions 41 through 43 refer to the following conversation.

W: Good afternoon, ⓪ **I'd like a table for four for dinner Thursday night at 7**.
M: I'm sorry. We don't have anything available at that time. ⓬ **We have seating earlier at 6 o'clock.** ⓬ **Would that time work for you?**
W: Actually, that sounds better because then we can come directly from work.
M: Okay, ma'am. ⓭ Then, **could I have your last name and phone number** so I can put you down for 4 people at 6 o'clock Thursday night.

여: 안녕하세요. 저는 목요일 밤 7시에 저녁식사를 위해 4명 자리를 원하는데요.
남: 죄송합니다. 그 시간에는 빈 자리가 없네요. 그보다 더 일찍 6시에 자리가 있는 데요. 그 시간 괜찮으시겠어요?
여: 사실, 그게 더 낫겠네요. 그럼 우리가 직장에서 바로 갈 수 있거든요.
남: 네 알겠습니다. 그럼 제가 목요일 밤 6시 4명 자리에 당신의 이름을 기재할 수 있도록 당신의 이름과 전화번호를 받을 수 있을까요?

41. 전화의 목적은?
(A) 약속일정을 다시 잡기 위해
(B) 예약을 하기 위해
(C) 회의를 취소하기 위해
(D) 신상품을 주문하기 위해

42. 남자는 여자에게 무엇을 하라고 제안하는가?
(A) 매니저에게 얘기하라고
(B) 나중에 전화하라고
(C) 손님명단을 확인하라고
(D) 다른 시간에 오라고

43. 여자는 아마 다음에 무엇을 할 것인가?
(A) 자신의 이름을 준다.
(B) 사무실을 떠난다.
(C) 이메일을 보낸다.
(D) 공지를 게시한다.

Day 17 구매/예약 관련

41. What different feature does the woman ask for?
(A) Color
(B) Size
(C) Style
(D) Brand

42. What most likely will happen next week?
(A) A form will be filled out.
(B) A delivery will be made.
(C) A room will be painted.
(D) An item will be exchanged.

43. What does the man suggest?
(A) Making a payment
(B) Visiting other store
(C) Calling customer service
(D) Keeping a receipt

---

44. Who most likely is the woman?
(A) A ticket salesperson
(B) A hotel receptionist
(C) A tour guide
(D) An airline employee

45. In what city are the speakers?
(A) Beijing
(B) Shanghai
(C) Nanjing
(D) Chizhou

46. What does the man ask about?
(A) City's name
(B) Travel time
(C) Sleeping car
(D) Safety procedures

47. What does the woman want to purchase?
(A) A printer
(B) A camera
(C) A computer
(D) A copier

48. What is the woman's job?
(A) Editor
(B) Technician
(C) Sales clerk
(D) Photographer

49. What is mentioned about the model 100?
(A) It is inexpensive.
(B) The screen is large.
(C) It is one of the most popular models.
(D) It can be delivered for free.

받아쓰기 _빈칸을 채워보자.

<41-43>

W: Hello, I just looked at the suitcase on display at the entrance. I like how it looks, ④ but _____?

M: I'm sorry, but we just sold the last one in brown this morning. ㊷ _____. Do you mind waiting until then?

W: Well, then could you possibly set aside the item for me when it arrives so I can pick it up later?

M: ㊸ _____
_____
_____

<44-46>

M: ㊹ Hi, _____ I'd like to leave from this station on Wednesday night and return on Sunday morning.

W: We have a train leaving Wednesday night at 8 p.m. ㊺ _____
_____ Sunday morning at 11 a.m. Would those times work for you, sir?

M: That's perfect. ㊻ _____?

W: Yes, there are a few sleepers available in both trains at the moment and _____
_____.
_____

<47-49>

W: Good morning. ㊼ _____.

M: Okay. What features are you especially looking for?

W: Well, ㊽ _____, so I'd like something portable that has good photo editing programs _____.

M: Then I'd recommend the newly released model of STO laptops. _____
_____ ㊾ _____ This will definitely meet your needs.

| 41 | A | 42 | B | 43 | A | 44 | A | 45 | B | 46 | C |
| 47 | C | 48 | D | 49 | A |

Questions 41 through 43 refer to the following conversation.

W: Hello, I just looked at the suitcase on display at the entrance. I like how it looks, **(41) but do you have one in brown?**

M: I'm sorry, but we just sold the last one in brown this morning. **(42) The next shipment won't arrive until next week though.** Do you mind waiting until then?

W: Well, then could you possibly set aside the item for me when it arrives so I can pick it up later?

M: **(43) We could do that as long as you make some cash deposit which is 10 per cent of the selling price.**

여: 안녕하세요. 전 입구에 전시된 가방을 봤어요. 모양은 맘에 드는 데, 브라운 색상으로 물건이 있나요?
남: 죄송한데, 오늘 아침에 브라운 색상의 마지막 물건이 팔렸네요. 다음 배송 분은 다음 주나 되어서 오는데요. 그때까지 기다릴 수 있으세요?
여: 흠.. 그럼 물건이 오면 제가 나중에 찾아 갈 수 있게 따로 떼어 놓아 줄 수 있나요?
남: 고객님이 판매액의 10%에 해당하는 현금 예치를 하신 다면 가능합니다.

41. 여자는 어떤 다른 특성을 요청하고 있는가?
(A) 색상
(B) 크기
(C) 스타일
(D) 브랜드

43. 남자는 무엇을 제안하는가?
(A) 지불하라고
(B) 다른 가게에 가라고
(C) 고객 서비스에 전화하라고
(D) 영수증을 갖고 있으라고

42. 다음 주에 무엇이 일어나는가?
(A) 양식이 작성될 것이다.
(B) 배송이 이루어 진다.
(C) 방이 페인트 칠 된다.
(D) 물건이 교환 된다.

Questions 44 through 46 refer to the following conversation.

M: **(44)** Hi, **I'd like a round-trip train ticket to Beijing.** I'd like to leave from this station on Wednesday night and return on Sunday morning.

W: We have a train leaving Wednesday night at 8 p.m. **(45) and one arriving back here in Shanghai** Sunday morning at 11 a.m. Would those times work for you, sir?

M: That's perfect. **(46) Do the trains have sleeping compartments?**

W: Yes, there are a few sleepers available in both trains at the moment and you should pay an extra 30 dollars for one.

남: 베이징으로 가는 왕복 기차표를 원해요. 수요일 밤에 이 역에서 출발해 일요일 오전에 돌아 오려구요.
여: 저희는 수요일 밤 8시에 떠나는 기차가 있고요, 여기 상하이에 일요일 오전 11시에 돌아 오는 게 하나 있어요. 이 시간 괜찮으세요?
남: 완벽하네요. 기차에 침대칸도 있나요?
여: 네, 현재 양방향 기차에 모두 침대 칸이 2~3 자리 남아있네요. 침대 칸 하나에 추가 30불을 지불하셔야 해요.

44. 여자는 누구인가?
(A) 티켓 판매원
(B) 호텔 리셉셔니스트
(C) 관광 안내인
(D) 항공사 직원

45. 이들은 어느 도시에 있는가?
(A) 베이징
(B) 상하이
(C) 난징
(D) 츠저우

46. 남자는 무엇에 대해 물어보는가?
(A) 도시 이름
(B) 여행 시간
(C) 침대차
(D) 안전 절차

Questions 47 through 49 refer to the following conversation.

W: Good morning. ㊼ **I'm looking for a new computer.**
M: Okay. What features are you especially looking for?
W: Well, ㊽ **I'm a photographer**, so I'd like something portable that has good photo editing programs at an affordable price.
M: Then I'd recommend the newly released model of STO laptops. The model 100 comes with several photography programs ㊾ **and is reasonably priced.** This will definitely meet your needs.

여: 안녕하세요, 전 컴퓨터를 사려고요.
남: 네, 특별히 어떤 기능을 찾고 계세요?
여: 제가 사진 작가라서요, 저렴한 가격에 사진 편집 프로그램이 있는 휴대 가능한 걸 원해요.
남: 그럼, STO 노트북 중에 최근에 출시된 모델을 추천할게요. 모델 100은 몇 개의 사진 프로그램도 무료로 나오고요, 가격도 합리적이에요. 이 모델은 확실히 고객님의 필요를 충족시킬 거에요.

47. 여자는 무엇을 구매하기를 원하는가?
(A) 프린터
(B) 카메라
(C) 컴퓨터
(D) 복사기

48. 여자의 직업은?
(A) 편집자
(B) 기술자
(C) 판매 직원
(D) 사진 작가

49. 모델 100에 대해 뭐라고 언급하고 있는가?
(A) 저렴하다.
(B) 스크린이 크다.
(C) 가장 인기 있는 모델 중 하나다.
(D) 무료로 배송 될 수 있다.

Day 18 여러 장소에서의 대화

41. Where is the woman most likely working?
(A) At a doctor's office
(B) In a library
(C) At a pharmacy
(D) At a real estate agency

42. What does the man want to do?
(A) Place an order
(B) Send a letter
(C) Extend a deadline
(D) Rent an office

43. What does the woman suggest the man do?
(A) Come another day
(B) See a doctor
(C) Purchase a magazine
(D) Pick something to read

---

44. Where are the speakers?
(A) At a hotel
(B) At a clothing shop
(C) At a ticket box
(D) At a dry cleaner's

45. What is the problem?
(A) The order isn't ready yet.
(B) The man paid less for the order.
(C) The man doesn't have a receipt.
(D) The computer isn't working properly.

46. What will the woman do next?
(A) Call a technician
(B) Talk to a manager
(C) Locate some clothing
(D) Issue a refund

47. What is the man's final destination?
(A) Egypt
(B) Amsterdam
(C) Paris
(D) Milan

48. What caused the delay?
(A) Bad weather
(B) Traffic congestion
(C) Icy runway
(D) Electrical problem

49. Why is the man concerned?
(A) He will not find a place to stay.
(B) He will not have enough time to finish a report.
(C) He doesn't want to miss a meeting.
(D) He hasn't informed a client of the delay.

받아쓰기 _빈칸을 채워보자.

<41-43>

M: ㊶ ㊷ _____

W: ㊶ _____

M: No, I only moved to this area recently. I've just seen my new doctor for the first time.

W: Alright! I have to enter your information in our computer system. _____ since we have other prescriptions to be filled. ㊸ _____

<44-46>

M: ㊹ _____ ㊺ _____

W: Not at all. As long as you give us your phone number, we _____ with our computer system.

M: Oh, good. The number is 555-2454. I _____ last Thursday. I wanted to have two shirts and a pair of pants cleaned and pressed and I _____ in advance.

W: Let me see... Oh, I see that information right here. Wait a moment, please.

㊻ _____

<47-49>

M: Excuse me, I just arrived late here from Egypt and _____ ㊼ _____?

W: I'm afraid it was the last flight to Amsterdam today. The next flight is at 7 tomorrow morning. _____?

M: Well, I guess I have no choice. I should get on that flight. ㊾ _____.

W: ㊽ _____, the hotel accommodations will be provided for free and you will also get a meal voucher for breakfast. We're really sorry for the delay.

| 41 | C | 42 | A | 43 | D | 44 | D | 45 | C | 46 | C |
| 47 | B | 48 | A | 49 | C | | | | | | |

Questions 41 through 43 refer to the following conversation.

M: ④ ④ Hello, I'd like to get this prescription filled please.
W: ④ Okay, have you ever visited this pharmacy before?
M: No, I only moved to this area recently. I've just seen my new doctor for the first time.
W: Alright! I have to enter your information in our computer system. And it'll take about 30 minutes for us to complete your order since we have other prescriptions to be filled. ④ **You could read one of the magazines in the rack over there while you are waiting.**

남: 안녕하세요, 전 이 처방전대로 약을 받고 싶은데요.
여: 네, 저희 약국에 전에 오신 적이 있나요?
남: 아니에요, 전 최근에 이 지역으로 이사 왔어요. 처음으로 의사에게 진료를 받았고요.
여: 좋아요, 전 우리 컴퓨터 시스템에 당신의 정보를 입력해야 해요. 당신의 주문을 처리하는 데 30분 정도 걸릴 거예요. 처리해야 할 다른 처방전도 있거든요. 기다리시는 동안 선반에 있는 잡지를 읽어 보세요.

41. 여자는 어디서 일하고 있나?
(A) 병원에서
(B) 도서관에서
(C) 약국에서
(D) 부동산에서

42. 남자는 무엇을 하기를 원하는가?
(A) 주문하기
(B) 편지 보내기
(C) 마감일을 연장하기
(D) 사무실 임대하기

43. 여자는 남자에게 무엇을 하라고 제안하는가?
(A) 다른 날에 오라고
(B) 의사의 진료를 받으라고
(C) 잡지를 구매하라고
(D) 읽을 것을 집으라고

Questions 44 through 46 refer to the following conversation.

M: ④ Hi, I'm here to pick up my dry cleaning. ④ But I don't' have my receipt. Will that be a problem?
W: Not at all. As long as you give us your phone number, we can locate your dry cleaning with our computer system.
M: Oh, good. The number is 555-2454. I dropped the clothes off last Thursday. I wanted to have two shirts and a pair of pants cleaned and pressed and I made the payment in advance.
W: Let me see… Oh, I see that information right here. Wait a moment, please. ④ **I'll go get them for you.**

남: 안녕하세요. 전 세탁물을 찾으러 왔는데요. 하지만 영수증이 없어요. 그게 문제가 될 까요?
여: 전혀요. 당신이 저희에게 전화번호를 주신다면, 저희가 컴퓨터 시스템에서 당신의 세탁물을 찾을 수 있어요.
남: 잘됐네요. 제 번호는 555-2454예요. 전 지난 목요일에 옷을 맡겼어요. 셔츠 2장과 바지 한 벌을 세탁과 다림질을 원했어요. 미리 지불도 했고요.
여: 제가 볼게요. 아, 그 정보 여기 있네요. 잠시만 기다려 주세요. 제가 가서 가지고 올게요.

44. 말하는 이들은 어디에 있는가?
(A) 호텔에서
(B) 옷가게에서
(C) 티켓 박스에서
(D) 세탁소에서

45. 무엇이 문제인가?
(A) 주문이 준비가 안되었다.
(B) 남자가 주문에 대해 돈을 덜 냈다.
(C) 남자는 영수증을 갖고 있지 않다.
(D) 컴퓨터가 잘 작동이 안 된다.

46. 여자는 다음에 뭘 할건가?
(A) 기술자를 부른다
(B) 매니저에게 얘기한다
(C) 옷을 찾는다.
(D) 환불을 해준다.

Questions 47 through 49 refer to the conversation.

M: Excuse me, I just arrived late here from Egypt and I missed my connection. ㊼ **Is there another flight to Amsterdam today?**
W: I'm afraid it was the last flight to Amsterdam today. The next flight is at 7 tomorrow morning. Would you like me to put you on the flight?
M: Well, I guess I have no choice. I should get on that flight. ㊾ **Otherwise, I'll miss an important meeting with a potential client tomorrow afternoon.**
W: ㊽ **Since the delay has been caused by bad weather**, the hotel accommodations will be provided for free and you will also get a meal voucher for breakfast. We're really sorry for the delay.

남: 실례지만, 제가 이집트에서 방금 늦게 도착했는데 연결 비행기를 놓쳤어요. 오늘 암스테르담으로 가는 다른 비행기가 있나요?
여: 죄송하지만 그 비행기가 오늘 암스테르담으로 가는 마지막 비행기였어요. 다음 비행기는 내일 오전 7시에 있네요. 제가 당신을 그 비행기에 예약해드릴까요?
남: 네, 제가 선택의 여지가 없네요. 전 그 비행기를 타야 해요. 그렇지 않으면, 내일 오후에 잠재 고객과의 중요한 회의를 놓칠 거에요.
여: 비행기 지연이 나쁜 날씨로 일어난 거죠. 호텔 숙박은 무료로 제공되고요. 아침 식사권도 받으실 거에요. 지연이 되어 대단히 죄송합니다.

47. 남자의 최종 목적지는 어디인가?
(A) 이집트
(B) 암스테르담
(C) 파리
(D) 밀란

48. 무엇이 지연을 일으켰는가?
(A) 나쁜 날씨
(B) 교통 체증
(C) 얼어 버린 활주로
(D) 전기 문제

49. 남자는 왜 걱정하는가?
(A) 그는 머물 곳을 찾을 수 없을 것이다.
(B) 그는 보고서를 끝낼 시간이 충분하지 않을 것이다.
(C) 그는 회의를 놓치고 싶지 않다.
(D) 그는 고객에게 지연에 대해 얘기를 해주지 않았다.

Day 19 Problem

41. Which department does the woman most likely work in?
(A) Marketing
(B) Technical support
(C) Customer service
(D) Personnel

42. What are the speakers discussing?
(A) Developing a marketing plan
(B) Handling customers inquiries
(C) Fixing a technical problem
(D) Hiring temporary help

43. What does the man offer to do?
(A) Call a mechanic
(B) Provide contact information
(C) Lead a team
(D) Send an email

---

44. What type of business does the woman probably work for?
(A) An auto repair shop
(B) A post office
(C) A retail store
(D) A factory

45. Why is the man calling?
(A) To ask about the order status
(B) To exchange an item
(C) To cancel an order
(D) To change the delivery address

46. What does the woman say about the delivery?
(A) It will be done soon.
(B) There will be an additional charge for it.
(C) It will be delayed until the end of the month.
(D) The delivery truck is stuck in traffic.

47. Where do the speakers most likely work?
(A) At a dry cleaner's
(B) At a convention center
(C) At a clothing store
(D) At a manufacturing plant

48. What does the woman say she will do?
(A) Revise a schedule
(B) Visit production facilities
(C) Contact a technician
(D) Request additional materials

49. What does the woman say an extra fee will be charged for?
(A) Consultation services
(B) Machine inspection
(C) Quick delivery
(D) Logo design

받아쓰기 _빈칸을 채워보자._

<41-43>

W: ㊶_____, Karen speaking. How may I help you?

M: Hi, Karen. This is Robert Hobbs in the personnel department. ㊷_____. ㊸ I didn't have any problem with the internet connection last night though. ㊸_____?

W: Well, several staff members have called about the same problem and we are trying to figure out what's wrong. Would you please describe in more details?

M: _____ what's exactly been happening in the service request form. ㊸_____

<44-46>

M: Hello, this is Ron. ㊹ ㊺ _____ _____. The person who helped me said they would arrive no later than 9 o'clock this morning. It's already 11, ㊺ _____ _____

W: Oh, I was about to call you, sir. There is a delay in delivery. One of our delivery trucks is _____, and your order is in that truck.

M: ㊺ Then, _____

W: ㊻ _____
㊻ _____. The garage is just a few blocks away from your office.

<47-49>

M: ㊼ Tina, _____. They want them delivered by this Saturday, ㊼ ____ _____

W: OK, Jim. Thanks for letting me know. ㊽ _____ _____. Which company is this order for?

M: It's a new client, Kurten Corporation. They want the shirts with a company logo on each of them.

W: OK, let them know that they should receive the shirts by this Friday and ㊾ _____ _____

| 41 | B | 42 | C | 43 | D | 44 | C | 45 | A | 46 | A |
| 47 | D | 48 | A | 49 | C | | | | | | |

Questions 41 through 43 refer to the following conversation.

W: ㊶ Technical support department, Karen speaking. How may I help you?

M: Hi, Karen. This is Robert Hobbs in the personnel department. ㊷ **I'm calling because I haven't been able to access the internet this morning.** ㊷ **I didn't have any problem with the internet connection last night though.** ㊷ **Could you send someone over here?**

W: Well, several staff members have called about the same problem and we are trying to figure out what's wrong. Would you please describe in more details?

M: I'd better write down about what's exactly been happening in the service request form. ㊸ **I'll email the completed form within half an hour.**

여: 기술 지원 부서, 카렌입니다. 어떻게 도와드릴까요?
남: 안녕하세요, 카렌씨. 전 인사부서의 로버트 홉입니다. 오늘 오전에 인터넷에 접속할 수가 없어서 전화 드렸습니다. 어젯밤에도 인터넷 연결에 문제가 없었는데요. 사람을 보내 주시겠어요?
여: 네, 직원 몇 명이 똑같은 문제에 대해 전화를 했었어요. 저희가 무엇이 문제인지 보고 있어요. 조금 더 자세하게 얘기해 주실 수 있나요?
남: 그럼 제가 서비스 요청서에 정확하게 무슨 일이 일어나고 있는지 쓰는 게 낫겠어요. 기재한 신청서를 30분 내로 이메일로 보내드릴게요.

41. 여자는 어느 부서에서 일을 하고 있는가?
(A) 마케팅
(B) 기술 지원
(C) 고객 서비스
(D) 인사

42. 말 하는 사람은 무엇을 논의하고 있는가?
(A) 마케팅 계획 만들기
(B) 고객 문의 처리하기
(C) 기술적인 문제 고치기
(D) 임시 직원 고용하기

43. 남자는 무엇을 해 주겠다고 하는가?
(A) 기술자에게 전화하겠다고
(B) 연락처를 주겠다고
(C) 팀을 이끌겠다고
(D) 이메일을 보내겠다고

Questions 44 through 46 refer to the following conversation.

M: Hello, this is Ron. ㊹㊺ **I'm calling about the shades I bought from your store the other day.** The person who helped me said they would arrive no later than 9 o'clock this morning. It's already 11, ㊺ **but it hasn't been delivered yet.**

W: Oh, I was about to call you, sir. There is a delay in the delivery. One of our delivery trucks is being fixed right now due to some mechanical problem, and your order is in that truck.

M: ㊺ Then, could you please tell me when I might get them?

W: ㊻ **I've just been told that the repair work will be completed soon.** ㊻ **I'm sure you'll get them in half an hour.** The garage is just a few blocks away from your office.

남: 안녕하세요. 론이에요. 전 몇 일 전에 당신의 가게에서 구매한 커튼에 관해 전화드렸습니다. 저를 도와줬던 분이 오늘 오전 9시까지는 도착을 할 거라고 했는데. 지금이 벌써 11신데 배송이 안되었네요.
여: 제가 막 당신께 전화를 드리려던 참이었어요. 배송에 지연이 있습니다. 저희 배송 트럭 중 하나가 기계문제로 지금 수리 중에 있어요. 그리고 당신의 주문품이 그 트럭에 있습니다.
남: 그러면, 제가 그걸 언제 받을 수 있는 지 알려 주실 수 있나요?
여: 전 방금 수리 작업이 곧 마무리 될 거라고 들었습니다. 고객님이 30분 후면 커튼을 받으실 수 있을 거라 확신해요. 정비소가 당신의 사무실에서 겨우 2~3 블록 떨어져 있거든요.

44. 여자는 어떤 형태의 사업장에서 일하고 있는가?
(A) 자동차 수리점
(B) 우체국
(C) 소매점
(D) 공장

46. 여자는 배송에 대해 무엇을 말했나?
(A) 배송이 곧 마무리 될 것이다.
(B) 배송에 대해 추가 요금이 있을 것이다.
(C) 월말까지 지연될 것이다.
(D) 배송트럭이 교통체증에 갇혔다.

45. 남자는 왜 전화하고 있는가?
(A) 주문 현황을 문의하려고
(B) 물건을 교환하려고
(C) 주문을 취소하려고
(D) 배송 주소를 변경하려고

Questions 47 through 49 refer to the following conversation.

M: Tina, we just received an order for 200 shirts. They want them delivered by this Saturday, but right now, we don't have enough workers to make the shirts.
W: OK, Jim. Thanks for letting me know. I'll schedule some extra shifts right away. Which company is this order for?
M: It's a new client, Kurten Corporation. They want the shirts with a company logo on each of them.
W: OK, let them know that they should receive the shirts by this Friday and that they'll be charged some extra fee for rush order.

남: 티나, 우리는 200장의 셔츠 주문을 받았어요. 그들이 셔츠가 이번 토요일까지 배송 되기를 원해요. 하지만 지금 우리가 그 셔츠를 만들 인원이 충분하지 않아요.
여: 알겠어요 짐. 나에게 알려줘서 고마워요. 추가 교대 근무 일정을 당장 잡아야겠어요. 이 주문은 어떤 회사를 위한 거죠?
남: 커튼사라는 새로운 고객이에요. 모든 셔츠에 회사 로고를 넣기를 원해요.
여: 알겠어요. 그들에게 셔츠를 이번 주 금요일 까지는 받을 수 있을 거라고 알려주고요, 또한 긴급 주문에 대해서는 추가 비용이 있을 거라고도 얘기해 주세요.

47. 말하는 이들은 어디에서 일하는가?
(A) 세탁소에서
(B) 컨벤션 센터에서
(C) 옷가게에서
(D) 제조 공장에서

49. 여자는 추가 비용이 무엇에 대해 부가될 거라고 말하는가?
(A) 자문 서비스
(B) 기계 검측
(C) 긴급 주문
(D) 로고 디자인

48. 여자는 그녀가 무엇을 할 것이라고 얘기하는가?
(A) 일정을 변경하겠다고
(B) 생산 설비를 방문하겠다고
(C) 기술자에게 연락하겠다고
(D) 추가 자재를 요청할 거라고

Day 20 회사 관련 이야기

41. What did the man give the woman last week?
(A) A budget report
(B) Research findings
(C) A design proposal
(D) Applicant resumes

42. Why does the woman want to meet with the man?
(A) To make a hiring decision
(B) To review marketing trends
(C) To provide feedback
(D) To discuss design options

43. Why is the man concerned?
(A) A list is incomplete.
(B) A deadline is approaching.
(C) A project has been canceled.
(D) An office will be closed.

---

44. How did the man learn about the job?
(A) From a TV commercial
(B) From a newspaper
(C) From a friend
(D) From a website

45. What is required to get the job?
(A) References from past employers
(B) Award certificates
(C) Several years of experience
(D) Work samples

46. What does the woman say will happen next week?
(A) Some candidates will be interviewed.
(B) There will be more job openings.
(C) A job fair will be held.
(D) References will be contacted.

47. Who did the woman recently meet with?
(A) Journalists
(B) Potential customers
(C) Product developers
(D) Sales managers

48. What was the problem with a computer model?
(A) Its weight
(B) Its color
(C) Its retail price
(D) Its release date

49. What will the woman do next Monday?
(A) Sign an agreement
(B) Conduct a survey
(C) Issue a permit
(D) Present some results

받아쓰기 _빈칸을 채워보자._

<41-43>

M: Hello, Claudia. ㊶ _____

_____

W: Yes, Michael. I did have a chance to look at your proposal earlier ㊷ _____

_____. Can you meet me at my office at 4 o'clock?

M: Well, could we possibly meet earlier than that? ㊸ _____

_____. And I'm afraid meeting at 4 won't give me enough time to make any revisions.

<44-46>

M: Hi, my name is Andrew Schwarz. ㊹ _____

_____ Are you still accepting applications?

W: We are. But because there are so many people applying so far, ㊺ _____

_____

M: That's not a problem. I worked as a sales manager at Bayron Home Deco for 3 years and at Dalton Kitchen Supplies for 2 years.

W: Well, it certainly sounds like you're qualified. Can you send me in your résumé today? ㊻ _____, so please make sure we have it soon.

<47-49>

M: Hi, Jill. _____ on our new computer model yesterday. How did it go?

W: It went well, thanks. ㊼ _____l. They liked the overall design and features, ㊽ _____

_____

M: Really? I'd like to hear more about what they said. Will you be able to present the results to the managers anytime soon?

W: ㊾ _____

_____. We'll have more details and recommendations then.

| 41 | A | 42 | C | 43 | B | 44 | B | 45 | C | 46 | A |
| 47 | B | 48 | C | 49 | D | | | | | | |

Questions 41 through 43 refer to the following conversation.

M: Hello, Claudia. ④ **Have you had a chance to review the budget proposal that I dropped off last week?**
W: Yes, Michael. I did have a chance to look at your proposal earlier ⑫ **and I have some comments I'd like to share with you.** Can you meet me at my office at 4 o'clock?
M: Well, could we possibly meet earlier than that? ⑭ **I need to present it to the board of directors tomorrow morning.** And I'm afraid meeting at 4 won't give me enough time to make any revisions.

남: 클라우디아, 당신은 제가 지난 주에 드린 예산 제안서를 검토할 시간이 있으셨나요?
여: 네, 마이클. 전에 당신의 제안서를 살펴 볼 시간이 있었어요. 그리고 당신에게 줄 의견도 있고요. 4시에 제 사무실에서 절 볼 수 있나요?
남: 글쎄요. 그 보다 더 일찍 만날 수 있나요? 제가 그 제안서를 내일 오전에 이사회에 발표를 해야 해요. 4시에 만나면 제가 수정할 시간이 충분하지 않을 것 같네요.

41. 남자는 지난 주에 여자에게 무엇을 주었나?
(A) 예산 제안서
(B) 연구 결과
(C) 디자인 제안서
(D) 지원자 이력서

42. 여자는 왜 남자를 만나기를 원하는가?
(A) 고용 결정을 하기 위해
(B) 마케팅 트렌드를 검토하기 위해
(C) 의견을 주기 위해
(D) 디자인 선택사항을 논의하기 위해

43. 남자는 왜 걱정하고 있는가?
(A) 리스트가 완료가 되지 않았다.
(B) 마감일이 다가 오고 있다.
(C) 프로젝트가 취소되었다.
(D) 사무실이 닫혀 있을 것이다.

Questions 44 through 46 refer to the following conversation.

M: Hi, my name is Andrew Schwarz. ④ **I'm calling about the store manager position you advertised in today's newspaper.** Are you still accepting applications?
W: We are. But because there are so many people applying so far, ⑮ **we're only considering applicants who have at least 2 year experience in sales.**
M: That's not a problem. I worked as a sales manager at Bayron Home Deco for 3 years and at Dalton Kitchen Supplies for 2 years.
W: Well, it certainly sounds like you're qualified. Can you send me your résumé today? ⑯ **We're calling to interview candidates next week,** so please make sure we have it soon.

남: 안녕하세요. 제 이름은 앤드류 쉬아츠인데요. 오늘 신문에 당신 회사에서 광고를 낸 매장 매니저 자리에 관해 전화 드렸습니다. 아직도 지원자를 받으시나요?
여: 네, 하지만 지금까지 너무 많은 사람이 지원을 해서요. 적어도 영업에서 2년 정도의 경력을 갖고 있는 지원자만 고려하려고요.
남: 그건 문제가 되지 않네요. 제가 베이론 홈 데코에서 3년, 달톤 키친 서플라이스에서 2년 동안 영업 관리자로 근무했어요.
여: 들어 보니 당신은 적격인 것 같네요. 오늘 이력서를 보내 줄래요? 다음 주에 지원자를 인터뷰하기 위해 전화를 할 거니까, 우리가 지원서를 빨리 받을 수 있게 해주세요.

44. 남자는 일자리를 어떻게 알아냈나?
(A) TV 광고에서
(B) 신문에서
(C) 친구로부터
(D) 웹사이트에서

45. 일자리를 얻기 위해 무엇이 요구되는가?
(A) 과거 고용주의 추천서
(B) 상장
(C) 몇 년간의 경력
(D) 작업 샘플

46. 여자는 다음주에 무엇이 일어날 거라고 얘기하고 있는가?
(A) 지원자를 인터뷰 할 것이다.
(B) 추가의 일자리 공석이 있을 것이다.
(C) 취업 박람회가 열릴 것이다.
(D) 추천인에게 연락할 것이다.

Questions 47 through 49 refer to the following conversation.

M: Hi, Jill. I heard you led the product demonstration on our new computer model yesterday. How did it go?
W: It went well, thanks. ㊼ **About 200 potential customers tried the new model.** They liked the overall design and features, ㊽ **but some of them said they probably wouldn't use it because it's too expensive.**
M: Really? I'd like to hear more about what they said. Will you be able to present the results to the managers anytime soon?
W: ㊾ **Yes, as a matter of fact, we're preparing the report now and we'll be showing it to everyone at the managers meeting next Monday.** We'll have more details and recommendations then.

남: 안녕, 질. 당신이 어제 우리 컴퓨터 모델에 대한 상품 시연회를 진행했다고 들었는데. 시연회는 어땠어요?
여: 시연회는 잘 됐어요. 약 200명의 잠재 고객이 새로운 모델을 사용해 봤어요. 고객들은 전반적인 디자인과 기능은 좋아했는데 고객 중 일부는 너무 비싸서 사용하지 않을 거라고 얘기했어요.
남: 그래요? 전 그들이 말 한 것에 대해 좀더 듣고 싶어요. 그 결과를 매니저에게 곧 발표할 수 있나요?
여: 네. 사실 우린 지금 보고서를 준비하고 있어요. 그걸 다음 주 월요일 매니저 회의에서 모두에게 보여 줄 거예요. 그때 저희가 더 많은 세부사항과 제안사항을 갖고 있을 거예요.

47. 여자는 최근 누구와 만났는가?
(A) 기자
(B) 잠재 고객
(C) 상품 개발업자
(D) 영업 매니저

48. 컴퓨터 모델의 문제는 무엇인가?
(A) 무게
(B) 색상
(C) 소매 가격
(D) 출시 일자

49. 여자는 다음 주 월요일에 무엇을 할 것인가?
(A) 계약서를 체결한다.
(B) 설문조사를 한다.
(C) 허가증을 발행한다.
(D) 결과를 발표한다.

동시토익

받아쓰기 숙제

Day 1 — Part 1 기본 문장 받아쓰기

1.

[해석]

2.

[해석]

3.

[해석]

4.

[해석]

5.

[해석]

6.

[해석]

7.

[해석]

8.

[해석]

9.

[해석]

10.

[해석]

11.

[해석]

12.

[해석]

13.

[해석]

14.

[해석]

15.

[해석]

16.

[해석]

17.

[해석]

18.

[해석]

19.

[해석]

20.

[해석]

Day 2 Part 1 기본 문장 받아쓰기

1.

[해석]

2.

[해석]

3.

[해석]

4.

[해석]

5.

[해석]

6.

[해석]

7.

[해석]

8.

[해석]

9.

[해석]

10.

[해석]

11.

[해석]

12.

[해석]

13.

[해석]

14.

[해석]

15.

[해석]

16.

[해석]

17.

[해석]

18.

[해석]

19.

[해석]

20.

[해석]

Part 1 기본 문장 받아쓰기

1.

[해석]

2.

[해석]

3.

[해석]

4.

[해석]

5.

[해석]

6.

[해석]

7.

[해석]

8.

[해석]

9.

[해석]

10.

[해석]

11.

[해석]

12.

[해석]

13.

[해석]

14.

[해석]

15.

[해석]

16.

[해석]

17.

[해석]

18.

[해석]

19.

[해석]

20.

[해석]

Part 1 기본 문장 받아쓰기

1.

[해석]

2.

[해석]

3.

[해석]

4.

[해석]

5.

[해석]

6.

[해석]

7.

[해석]

8.

[해석]

9.

[해석]

10.

[해석]

11.

[해석]

12.

[해석]

13.

[해석]

14.

[해석]

15.

[해석]

16.

[해석]

17.

[해석]

18.

[해석]

19.

[해석]

20.

[해석]

Part 1 기본 문장 받아쓰기

1.

[해석]

2.

[해석]

3.

[해석]

4.

[해석]

5.

[해석]

6.

[해석]

7.

[해석]

8.

[해석]

9.

[해석]

10.

[해석]

11.

[해석]

12.

[해석]

13.

[해석]

14.

[해석]

15.

[해석]

16.

[해석]

17.

[해석]

18.

[해석]

19.

[해석]

20.

[해석]

의문사 의문문 받아쓰기와 해석

1.

[해석]

2.

[해석]

3.

[해석]

4.

[해석]

5.

[해석]

6.

[해석]

7.

[해석]

8.

[해석]

9.

[해석]

10.

[해석]

11.

[해석]

12.

[해석]

13.

[해석]

14.

[해석]

15.

[해석]

16.

[해석]

17.

[해석]

18.

[해석]

19.

[해석]

20.

[해석]

21.

[해석]

22.

[해석]

23.

[해석]

24.

[해석]

25.

[해석]

의문사 의문문 받아쓰기와 해석

1.

[해석]

2.

[해석]

3.

[해석]

4.

[해석]

5.

[해석]

6.

[해석]

7.

[해석]

8.

[해석]

9.

[해석]

10.

[해석]

11.

[해석]

12.

[해석]

13.

[해석]

14.

[해석]

15.

[해석]

16.

[해석]

17.

[해석]

18.

[해석]

19.

[해석]

20.

[해석]

의문사 의문문 받아쓰기와 해석

1.

[해석]

2.

[해석]

3.

[해석]

4.

[해석]

5.

[해석]

6.

[해석]

7.

[해석]

8.

[해석]

9.

[해석]

10.

[해석]

11.

[해석]

12.

[해석]

13.

[해석]

14.

[해석]

15.

[해석]

16.

[해석]

17.

[해석]

18.

[해석]

19.

[해석]

20.

[해석]

의문사 의문문 받아쓰기와 해석

1.

[해석]

2.

[해석]

3.

[해석]

4.

[해석]

5.

[해석]

6.

[해석]

7.

[해석]

8.

[해석]

9.

[해석]

10.

[해석]

11.

[해석]

12.

[해석]

13.

[해석]

14.

[해석]

15.

[해석]

16.

[해석]

17.

[해석]

18.

[해석]

19.

[해석]

20.

[해석]

의문사 의문문 받아쓰기와 해석

1.

[해석]

2.

[해석]

3.

[해석]

4.

[해석]

5.

[해석]

6.

[해석]

7.

[해석]

8.

[해석]

9.

[해석]

10.

[해석]

11.

[해석]

12.

[해석]

13.

[해석]

14.

[해석]

15.

[해석]

16.

[해석]

17.

[해석]

18.

[해석]

19.

[해석]

20.

[해석]

일반 의문문 받아쓰기와 해석

1.

[해석]

2.

[해석]

3.

[해석]

4.

[해석]

5.

[해석]

6.

[해석]

7.

[해석]

8.

[해석]

9.

[해석]

10.

[해석]

11.

[해석]

12.

[해석]

13.

[해석]

14.

[해석]

15.

[해석]

16.

[해석]

17.

[해석]

18.

[해석]

19.

[해석]

20.

[해석]

일반 의문문 받아쓰기와 해석

1.

[해석]

2.

[해석]

3.

[해석]

4.

[해석]

5.

[해석]

6.

[해석]

7.

[해석]

8.

[해석]

9.

[해석]

10.

[해석]

11.

[해석]

12.

[해석]

13.

[해석]

14.

[해석]

15.

[해석]

16.

[해석]

17.

[해석]

18.

[해석]

19.

[해석]

20.

[해석]

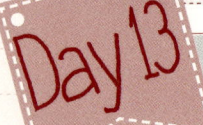

일반 의문문 받아쓰기와 해석

1.

[해석]

2.

[해석]

3.

[해석]

4.

[해석]

5.

[해석]

6.

[해석]

7.

[해석]

8.

[해석]

9.

[해석]

10.

[해석]

11.

[해석]

12.

[해석]

13.

[해석]

14.

[해석]

15.

[해석]

16.

[해석]

17.

[해석]

18.

[해석]

19.

[해석]

20.

[해석]

일반 의문문 받아쓰기와 해석

1.

[해석]

2.

[해석]

3.

[해석]

4.

[해석]

5.

[해석]

6.

[해석]

7.

[해석]

8.

[해석]

9.

[해석]

10.

[해석]

11.

[해석]

12.

[해석]

13.

[해석]

14.

[해석]

15.

[해석]

16.

[해석]

17.

[해석]

18.

[해석]

19.

[해석]

20.

[해석]

일반 의문문 받아쓰기와 해석

1.

[해석]

2.

[해석]

3.

[해석]

4.

[해석]

5.

[해석]

6.

[해석]

7.

[해석]

8.

[해석]

9.

[해석]

10.

[해석]

11.

[해석]

12.

[해석]

13.

[해석]

14.

[해석]

15.

[해석]

16.

[해석]

17.

[해석]

18.

[해석]

19.

[해석]

20.

[해석]

대화의 주제를 이해하면서 받아쓰기하고 해석한다.

[대화 1]

M : _____

W : _____

[해석]

남 : _____

여 : _____

[대화 2]

W : _____

M : _____

[해석]

여 : _____

남 : _____

[대화 3]

M : _____

_____

W : _____

_____

[해석]

남 : _____

_____

여 : _____

_____

[대화 4]

W : _____

_____

_____

M : _____

_____

_____

[해석]

여 : _____

_____

_____

남 : _____

_____

_____

[대화 5]

W : _____

M : _____

[해석]

여 : _____

남 : _____

[대화 6]

M : _____

W : _____

[해석]

남 : _____

여 : _____

[대화 7]

W : _____

M : _____

[해석]

여 : _____

남 : _____

[대화 8]

M : _____

W : _____

[해석]

남 : _____

여 : _____

41. What does the man want to do?
(A) To make an appointment
(B) To cancel an appointment
(C) To reschedule a conference
(D) To remind the woman of a meeting

42. Where does the woman most likely work?
(A) At a hotel front desk
(B) At a retail store
(C) At a medical office
(D) At a conference center

43. What does the woman ask the man to do?
(A) Fill an order
(B) Bring an application form
(C) Give a call before leaving
(D) Come earlier than the appointed time

44. What is the woman's problem?
(A) She can't keep her reservation.
(B) She hasn't been able to get to work on time.
(C) She will be away on a trip.
(D) She is not feeling well.

45. What does the man tell the woman?
(A) She is eligible for a refund.
(B) She has to call a different number.
(C) She should visit another location.
(D) She can choose an alternate date.

46. What does the woman say she will do?
(A) Talk to her friend
(B) Change a guest list
(C) Look at a menu
(D) Call a manager

47. What is the conversation mainly about?
(A) Travel plans
(B) Marketing strategies
(C) Airline policies
(D) Tourist destinations

48. What has the woman been asked to do?
(A) Rent a piece of equipment
(B) Give a presentation
(C) Inspect an assembly line
(D) Visit a branch

49. What does the woman decide to do?
(A) Visit another repair shop
(B) Use public transportation
(C) Use the same hotel
(D) Cancel a training session

Questions 41 through 43 refer to the following conversation.

M: Hi, This is Michael Lee. _____
_____
_____

W: Let me see. _____
_____

M: I'm sorry, but _____
_____
_____

W: Then _____
_____
_____

[해석]

남: 안녕, 전 마이클 리입니다. _____
_____

여: 제가 한번 보죠. _____
_____

남: 죄송하지만, _____
_____

여: 그러면 _____
_____
_____

Questions 44 through 46 refer to the following conversation.

W: _____
_____
_____

M: Well, let me check... _____
_____

W: Oh, _____
_____
_____

[해석]

여: 친구

남: 글쎄요, 제가 확인해 보죠.

여: 아,

Questions 47 through 49 refer to the following conversation.

W: John,

M:

W:

[해석]

여: 존,

남:

여:

Day 18

문제를 풀고 받아쓰기하고 해석해본다

41. Where are the speakers?
(A) On a train
(B) In a restaurant
(C) In a training session
(D) In an airplane

42. What does the woman want to do?
(A) Order a ticket
(B) Visit a souvenir shop
(C) Transfer to another line
(D) Get some food

43. What does the man suggest the woman do?
(A) Get some identification ready
(B) Listen to an announcement
(C) Take a ticket
(D) Check the menu

44. Where do the men most likely work?
(A) In a marketing firm
(B) At a factory
(C) In a publication company
(D) At a store

45. What did the men decide to do?
(A) Send some products
(B) Advertise an item
(C) Work late
(D) Provide a discount

46. What did the man say about the article?
(A) It mentioned how to display products well.
(B) It should be good advertising.
(C) It should be released next week.
(D) Not many people read it.

47. Where probably are the speakers?
(A) In a bus
(B) At a theater
(C) In front of a ticket counter
(D) In a long line

48. When does the performance begin?
(A) In 15 minutes
(B) In 20 minutes
(C) In 30 minutes
(D) In 90 minutes

49. What does the woman say about the performance?
(A) The play writer is well-known.
(B) It has won an award.
(C) It has great reviews from many critics.
(D) The tickets are sold out.

Questions 41 through 43 refer to the following conversation.

W: Excuse me, sir. _____

M: _____
_____

W: I see, _____

M: Yes, _____
_____
_____

[해석]

여: 실례지만, _____

남: _____
_____

여: 알겠어요. _____

남: 네. _____
_____
_____

Questions 44 through 46 refer to the following conversation.

M1: _____
_____
_____

M2: _____
_____

M1: Actually, _____
_____

[해석]

남 1: _____
_____

남 2: _____
_____

남 1: 사실은, _____
_____

Questions 47 through 49 refer to the following conversation.

W: Michael, _____

_____

_____

_____

M: _____

_____

_____

_____

W: _____

_____

_____

[해석]

여: 마이클, _____

_____

_____

_____

남: _____

_____

_____

_____

여: _____

_____

_____

Day 19
문제를 풀고 받아쓰기하고 해석해본다

41. What is the problem with the shoes?
(A) They are the wrong color.
(B) They are the wrong size.
(C) They are unattractive.
(D) They are defective.

42. What is the woman planning to do?
(A) Cancel an order
(B) Ask for a refund
(C) Exchange a purchase
(D) Request a catalogue

43. What will the man check?
(A) Where to mail an item
(B) Whether an item is in stock
(C) How to receive a refund
(D) When a shipment will arrive

44. What problem does the man mention?
(A) He hasn't followed the directions.
(B) He lost an item.
(C) He didn't make a reservation.
(D) He forgot some documents.

45. What is the man asked to bring?
(A) A receipt
(B) A photo identification
(C) A credit card
(D) A performance ticket

46. What does the woman suggest the man do?
(A) Come to a special booth
(B) Check the schedule in advance
(C) Provide confirmation number
(D) Get a membership card

47. Who most likely is the woman?
(A) A doctor
(B) A directory assistant
(C) A conference organizer
(D) A receptionist

48. Why is Doctor Brett unavailable?
(A) He is having his car fixed.
(B) He is out for lunch.
(C) He is at a meeting.
(D) He is on holiday.

49. What does the woman suggest the man do?
(A) Set up an appointment
(B) Wait for a while
(C) Update contact information
(D) Make a renewal

Questions 41 through 43 refer to the following conversation.

W: Hi. _____

M: _____

W: _____

M: _____

[해석]

여: 안녕. _____

남: _____

여: _____

남: _____

Questions 44 through 46 refer to the following conversation.

M: Hello. _____

W: _____

M: That's great! _____

W: Don't worry, sir. _____

[해석]

남: 안녕하세요.

여:

남: 그거 좋네요!

여: 걱정마세요.

Questions 47 through 49 refer to the following conversation

M: Hi,

W:

M:

W: I'm sorry

[해석]

남: 안녕

여:

남:

여: 죄송해요.

Day 20 문제를 풀고 받아쓰기하고 해석해본다

41. What is the software program for?
(A) Keeping track of customer complaints
(B) Handling payroll data
(C) Scheduling projects
(D) Billing clients

42. What does the man say he likes about the software program?
(A) It is fast.
(B) It is reasonably priced.
(C) It has simple instructions.
(D) It can be customized.

43. What will happen on Monday?
(A) A new worker will arrive.
(B) A business will be closed.
(C) A special promotion will take place.
(D) A training manual will be revised.

44. What does the woman ask the man to do?
(A) Give a presentation
(B) Make changes to a report
(C) Invite board members to a meeting
(D) Analyze an investment opportunity

45. Why is the man concerned?
(A) A report might not be completed in time.
(B) A colleague has not returned a phone call.
(C) An e-mail was sent to a wrong person.
(D) Some calculations are incorrect.

46. What does the woman offer to do?
(A) Cancel a meeting
(B) Provide complementary documents
(C) Assign someone else to attend a conference call
(D) Postpone the deadline

47. Why is the woman calling?
(A) To cancel an appointment
(B) To make a travel arrangement
(C) To remind the man about a deadline
(D) To ask about the man's itinerary

48. What does the man mention?
(A) He has not received training material.
(B) He has been out of the office.
(C) He has not given a talk before.
(D) He has to make copies of a report.

49. What does the woman offer to do?
(A) Help the man lead the training session
(B) Explain about safety procedures
(C) Put down the man's name
(D) Fill out a service request form

Questions 41 through 43 refer to the following conversation.

M: Denise, _____
_____
_____

W: Yes, _____
_____
_____

M: Well, _____
_____
_____

[해석]
남: 드니스, _____
_____
_____

여: 네, _____
_____
_____

남: 글쎄요, _____
_____
_____

Questions 44 through 46 refer to the conversation.

W: Hi, Mike, _____
_____
_____

M: _____
_____
_____

W: Oh, _____
_____
_____

[해석]

여: 안녕, 마이크. _____
_____
_____

남: _____
_____
_____

여: 오, _____
_____
_____

Questions 47 through 49 refer to the following conversation.

W: Hi, Ron, _____
_____
_____

M: Thanks _____
_____
_____

W: _____
_____

[해석]

여: 안녕, 론 _____
_____
_____

남: 고마워요 _____
_____
_____

여: _____
_____
_____

Day 1 기본 문장 받아쓰기 답안

1. **He is wearing a helmet.** [해석] 그는 헬맷을 쓰고 있다.(상태)

2. **They are talking to each other.** [해석] 그들(두명)이 서로 대화하고 있다.

3. **The woman is pointing at a menu.** [해석] 여자가 손으로 메뉴를 가리키고 있다.

4. **A person is carrying a backpack.** [해석] 한 사람이 배낭을 메고 있다.

5. **They are moving some furniture.** [해석] 그들이 가구를 옮기고 있다.

6. **He's taking off his coat.** [해석] 그는 코트를 벗고 있다.

7. **Passengers are getting out of the train.** [해석] 승객들이 기차에서 내리고 있는 중이다.

8. **A man is cutting the grass.** [해석] 남자가 잔디를 깎고 있다.

9. **The women are sitting on a bench.** [해석] 여자들이 벤치에 앉아 있다.

10. **Trees are planted along the street.** [해석] 나무가 길을 따라 심어져 있다.

11. **Some items are placed on the shelves.** [해석] 물건들이 선반 위에 놓여 있다.

12. **The pedestrians are crossing the street.** [해석] 보행자들이 길을 건너고 있다.

13. **Boats are floating on the water.** [해석] 보트들이 물 위에 떠있다.

14. **A worker is climbing the ladder.** [해석] 인부가 사다리를 타고 올라가고 있다.

15. **Pictures are hanging on the wall.** [해석] 그림들이 벽에 걸려 있다.

16. **A car is being repaired.** [해석] 차가 수리되고 있는 중이다.(동작)

17. **The light is being turned on.** [해석] 등이 켜지고 있는 중이다.(동작)

18. **The woman is walking through a garden.** [해석] 여자가 정원을 걸어가고 있다.

19. **The lamps are positioned on the table.** [해석] 램프들이 테이블 위에 놓여 있다.

20. **Some workers are loading a vehicle.** [해석] 일하는 사람들이 차량에 짐을 싣고 있다.

Day 2 기본 문장 받아쓰기 답안

1. **She's writing a letter.** [해석] 그녀는 편지를 쓰고 있다.

2. **Some people are riding bicycles.** [해석] 사람들이 자전거를 타고 있다.

3. **The basket is full of fruit.** [해석] 바구니가 과일로 가득 차 있다.

4. **He's removing his coat and hat.** [해석] 그는 코트와 모자를 벗고 있는 중이다.

5. **The man is searching through a backpack.** [해석] 남자는 배낭을 뒤지고 있다.

6. **The man is sawing some wood.** [해석] 남자는 나무를 톱질하고 있다.

7. **The people are sitting behind the counter.** [해석] 사람들이 카운터 뒤에 앉아 있다.

8. **Workers are unpacking a carton.** [해석] 일하는 사람들이 상자를 풀고 있다.

9. **She's drinking from a water bottle.** [해석] 그녀가 물병을 마시고 있다.

10. **Potted plants are hanging from a ceiling.** [해석] 화분이 천장에서부터 매달려 있다.

11. **One of the women is handing some papers to the other.**
    [해석] 한 여자가 다른 여자에게 종이를 건네고 있다. (여자가 두 명)

12. **They are repaving the road.** [해석] 그들은 도로포장 작업을 하고 있다.

13. **She's lifting a purse off the floor.** [해석] 그녀는 바닥에서 지갑을 들어 올리고 있다.

14. **Some people are approaching a platform.** [해석] 사람들이 플랫폼으로 다가가고 있다.

15. **Two women are facing each other across the counter.** [해석] 두 여자가 카운터 사이로 서로 마주 보고 있다.

16. **She's filing documents in a drawer.** [해석] 그녀는 문서들을 서랍에 정리하고 있다.

17. **A person is kneeling near the car.** [해석] 한 사람이 차 가까이에서 무릎을 꿇고 있다.

18. **A man is taking a book out of a shelf.** [해석] 남자가 선반에서 책을 꺼내고 있다.

19. **One of the men is inspecting some machinery.** [해석] 남자 중에 한 명이 기계를 검사하고 있다.

20. **Trees are growing in an island.** [해석] 나무들이 섬에서 자라고 있다.

Day 3 기본 문장 받아쓰기 답안

1. **She is putting on a watch.** [해석] 그녀는 시계를 착용하고 있는 중이다. (동작)

2. **Some people are carrying breifcases.** [해석] 사람들이 서류 가방을 들고 (가고) 있다. (동작,상태)

3. **Some of the seats are empty.** [해석] 좌석 중에 일부가 비어 있다.

4. **Some people are sitting on the ground.** [해석] 사람들이 땅 위에 앉아 있다.

5. **She's picking up a paper.** [해석] 그녀가 종이를 들어 올리고 있다.

6. **The woman is lying on the beach.** [해석] 여자가 해안가에 누워 있다.

7. **A plant is being hung in the corner.** [해석] 식물(화분)이 구석에 매달리고 있는 중이다.(동작)

8. **A ladder is being positioned near a column.** [해석] 사다리가 둥근 기둥 가까이에 놓이고 있는 중이다.(동작)

9. **The man is measuring the room.** [해석] 남자가 방의 치수를 재고 있다.

10. **He's trimming some bushes.** [해석] 그는 나무를 다듬고 있다.

11. **They are searching for a tool on the ground.** [해석] 그들은 땅 위에 있는 연장을 찾고 있는 중이다.

12. **He is operating a piece of equipment.** [해석] 그는 장비 한 대를 운전하고 있는 중이다.

13. **He is mowing the lawn.** [해석] 그는 잔디를 깎고 있다.

14. **He is rowing a boat.** [해석] 그는 배에서 노를 젓고 있다.

15. **A napkin has been left on the table.** [해석] 냅킨이 테이블 위에 놓여 있다.

16. **A crowd of people has gathered on a balcony.** [해석] 한 무리의 사람들이 발코니 위에 모여 있다.

17. **Vegetables are arranged in piles.** [해석] 채소들이 여러 무더기로 정리되어 있다.

18. **Books are stacked on the shelves.** [해석] 책들이 선반 위에 차곡차곡 쌓여 있다.

19. **The door is close to a window.** [해석] 문이 창문과 가까이에 있다.

20. **Lamps are being positioned on both sides of the bed.** [해석] 램프가 침대 양쪽에 놓이고 있는 중이다.(동작)

Day 4 기본 문장 받아쓰기 답안

1. Cars are parked along the street.   [해석] 차들이 길을 따라 주차가 되어 있다.

2. Some sailboats are tied to a pier.   [해석] 범선이 부둣가에 묶여 있다.

3. Tall buildings overlook the waterway.   [해석] 높은 건물이 물을 바라보고 있다.

4. Ladders are propped agaith the tree.   [해석] 사다리들이 나무에 기대어 있다.

5. People are seated across from one another.   [해석] 사람들이 서로 맞은 편에 앉아 있다.(두 명 이상)

6. They are sitting in a circle.   [해석] 그들이 원을 그리며 앉아 있다.

7. She is reaching into a bag.   [해석] 그녀는 가방 안으로 팔을 뻗고 있다.

8. Some boats are pulled on the sand.   [해석] 배들이 모래 위에 놓여 있다.(당겨져 있다)

9. Stools have been pushed against the wall.   [해석] 등받이 없는 의자가 벽에 (붙어) 놓여 있다.(밀어져 있다)

10. Benches line a garden path.   [해석] 벤치들이 정원 길을 따라 나 있다.

11. Some people are standing in line.   [해석] 사람들이 일렬로 서 있다.

12. Two workstations are separated by a partition.   [해석] 두 개의 작업장(책상)이 칸막이로 나누어져 있다.

13. The bridge is suspended over the water.   [해석] 다리가 물 위에 걸쳐 있다.

14. A woman is looking at her reflection in the mirror.   [해석] 여자가 거울에 있는 자신의 상을 보고 있다.

15. The woman is taking a book from the shelf.   [해석] 여자가 선반에서 책을 꺼내고 있다.

16. The people are concentrating on a project.   [해석] 사람들이 일에 집중하고 있다.

17. Some flags are fastened to the pole.   [해석] 깃발이 긴 장대에 묶여 있다.

18. The man is leading a presentation.   [해석] 남자가 발표를 진행하고 있다.

19. One of the women is clearing off the table.   [해석] 여자 중에 한 명이 테이블을 치우고 있다.

20. The man is exiting an automobile.   [해석] 남자는 차량에서 내리고 있다.(동작)

Day 5 기본 문장 받아쓰기 답안

1. Boxes are being unloaded. [해석] 박스가 내려지고 있는 중이다.

2. The woman is unfolding a map. [해석] 여자가 지도를 펼치고 있다.

3. The ramp leads to the back of the vehicle. [해석] 경사로(운반대)가 차량 뒤쪽까지 이어져 있다.

4. Sailors are waving at the deck. [해석] 선원들이 갑판에서 손을 흔들고 있다.

5. They are waiting to board the bus. [해석] 그들은 버스를 타려고 기다리고 있다.

6. The bridge extends across the water. [해석] 다리가 강을 가로 질러 나 있다.

7. The tables have been set for a meal. [해석] 테이블이 음식을 차리기 위해 세팅되어 있다.

8. The women are talking in a group. [해석] 여자들이 한 그룹으로 모여 이야기하고 있다.

9. The audience is applauding the performance. [해석] 관중이 공연에 박수를 치고 있다.

10. They are marching in a parade. [해석] 그들은 퍼레이드에서 행진하고 있다.

11. He's typing at a keyboard. [해석] 그는 키보드에서 타이핑을 치고 있다.

12. Fruits are being weighed on a scale. [해석] 저울에서 과일의 무게를 재고 있다.(동작)

13. A woman's cooking at a stove. [해석] 여자가 가스레인지에서 요리하고 있다.

14. A walkway is being swept. [해석] 길을 빗자루로 쓸고 있다.(동작)

15. A woman is bending over a sink. [해석] 여자가 싱크대 위에서 몸을 숙이고 있다.

16. The women are working side by side. [해석] 여자들이 나란히 일하고 있다.

17. Some people are attending a presentation. [해석] 사람들이 발표에 참여하고 있다.

18. A man is installing a overhead lamp. [해석] 남자가 머리 위쪽의 램프를 설치하고 있다.

19. The man is stacking crates on the walkway. [해석] 남자가 길 위에 상자를 차곡차곡 쌓고 있다.

20. A ship is passing under a bridge. [해석] 배가 다리 아래로 지나가고 있다.

동시토익

Day 6 의문사 의문문 받아쓰기와 해석

1. Where will the seminar be held? In the auditorium.
해석] 세미나는 어디에서 열릴 건가요? 대강당에서요.

2. Where should we send the bus to pick up the guests? Outside the main gate.
해석] 우리는 손님을 태우기 위해 버스를 어디로 보내야 하나요? 정문 밖에요.

3. When did Mr. Johnson retire? Only recently.
해석] 존슨씨는 언제 은퇴하셨나요? 최근에요.

4. When is your presentation to the new client? Tomorrow at 2.
해석] 새로운 고객에게 하는 당신의 발표는 언제인가요? 내일 2시요.

5. Why were you late for the show? The bus didn't come in time.
해석] 당신은 왜 공연에 늦었나요? 버스가 제 시간에 안 왔어요.

6. Why was the store's opening rescheduled? I'm not sure.
해석] 상점 개장이 왜 일정이 바뀌었나요? 저는 모르겠어요.

7. How was your trip to China? I really enjoyed it.
해석] 중국 여행 어땠나요? 재밌었어요.

8. How did you fix the printer? I got help from a technician.
해석] 당신은 어떻게 프린터를 고쳤나요? 제가 기술자의 도움을 받았어요.

9. How often do you submit the report? Once a month.
해석] 당신은 얼마나 자주 보고서를 제출하나요? 한 달에 한 번요.

10. How long will it take to get to the office supply store? About 20 minutes.
해석] 사무용품가게에 가는 데 얼마나 오래 걸리나요? 약 20분요.

11. How many people are coming to the charity banquet? At least 200.
해석] 얼마나 많은 사람들이 자선 연회에 올 건가요? 적어도 200명요.

12. Who will lead this week's workshop? Let me ask Susan.
해석] 누가 이번 주 워크샵을 진행할 건가요? 제가 수잔에게 물어볼게요.

13. Who should I talk to about the project timelines? Probably the manager.
해석] 프로젝트 일정에 대해서 제가 누구와 얘기해야 하나요? 아마 매니저요.

14. Who has been promoted to vice president? I heard it was John.
해석] 누가 부사장으로 승진했나요? 저는 존이라고 들었어요.

15. Which sales representative talked to you? I believe it was Joshua.
해석] 어떤 영업사원이 당신과 얘기했나요? 전 조슈아라고 생각해요.

16. Which travel agency did you use? Flyfare Travel.
해석] 당신은 어떤 여행사를 이용했나요? 플라이페어 여행사요.

17. What's the purpose of today's meeting? To recognize employees.
해석] 오늘 회의의 목적은 무엇인가요? 직원들에게 시상하는 거요.

18. What do you think about the new printer? It's working fine. **해석]** 새로운 프린터에 대해 어떻게 생각하시나요? 작동이 잘 되네요.

19. What will be discussed at the meeting? Next year's budget. **해석]** 무엇이 회의에서 논의될 건가요? 다음 해 예산요.

20. What did the client say about our proposal? He said it was good. **해석]** 고객이 우리 제안에 대해서 뭐라고 얘기했나요? 그가 좋다고 말했어요.

21. What type of business is the man calling? **해석]** 남자는 어떤 업체에 전화하는가?

22. What does the man ask for? **해석]** 남자는 무엇을 (달라고) 요청하는가?

23. What does the man offer to do? **해석]** 남자는 무엇을 해주겠다고 하는가?

24. What is being celebrated? **해석]** 무엇을 축하하고 있는가?

25. What are the listeners told to bring on Thursday? **해석]** 듣는 사람은 목요일에 무엇을 갖고 오라는 이야기를 듣고 있는가?

Day 7 의문사 의문문 받아쓰기와 해석

1. Where's the staff meeting being held? On the second floor.
해석] 직원 회의는 어디서 열리나요? 2층에서요.

2. Who locked the door last night? Martinez was the last to leave.
해석] 누가 어제 문을 잠갔나요? 마티네스가 마지막으로 떠난 사람이에요.

3. When does your driver's license expire? In March.
해석] 당신의 운전 면허증은 언제 만료되나요? 3월에요.

4. Where can I find Ms.Yang's office? She's not working here anymore.
해석] 양씨 사무실을 어디서 찾을 수 있나요? 그녀는 더 이상 여기서 일하지 않아요.

5. Who is the president of your company? You will be meeting him at tonight's banquet.
해석] 누가 당신 회사 사장인가요? 당신은 오늘밤 연회에서 그를 만날 거예요.

6. When did Mr.Walton retire? It was a while ago.
해석] 왈튼씨는 언제 은퇴했나요? 좀 됐어요.

7. Who's been appointed to replace Mr. Clark? It hasn't been decided yet.
해석] 누가 클락씨의 후임자가 되기로 지명되었나요? 아직 결정이 안 났어요.

8. When will the order be delivered? It was sent this morning.
해석] 주문품은 언제 배송될 건가요? 그건 아침에 나갔어요.

9. Where's she going? To a store.
해석] 그녀는 어디로 가나요? 가게로요.

10. When can I see the final draft of the contract? Wednesday, at the latest.
해석] 제가 계약서의 최종안을 언제 볼 수 있나요? 늦어도 수요일에는요.

11. Who is responsible for reviewing the applicants? My assistant.
해석] 누가 지원자 검토 담당인가요? 제 비서요.

12. When was the agreement signed? At the last board meeting.
해석] 계약이 언제 체결되었나요? 지난 이사회에서요.

13. Who should I contact about the reimbursement process? Mary in Accounting.
해석] 환급 절차에 대해 제가 누구와 얘기해야 하나요? 회계부서의 메리요.

14. Where will we be opening our new branch offices? In Moscow and Rome.
해석] 우리는 어디에서 새로운 지사를 열 예정인가요? 모스코바와 로마에서요.

15. When is the report due? No later than 5 P.M.
해석] 보고서는 언제 마감인가요? 늦어도 오후 5시까지요.

16. Where can I store extra printers? In the storeroom.
해석] 제가 여분의 프린터를 어디에 놓을 수 있나요? 창고요.

17. Who left these application forms on my desk? I have no idea.
해석] 누가 이 신청서를 제 책상에 두었나요? 전 잘 모르겠어요.

18. When are you going to dinner? After I finish the report.
해석] 당신은 언제 저녁 식사에 가나요? 보고서 끝낸 후에요.

19. Where can I catch a bus to the airport? Right across the street.
해석] 저는 공항가는 버스를 어디서 탈 수 있나요? 바로 길 건너편에요.

20. Who will be the guest speaker at the conference? Mr. Yamamoto.
해석] 회의에서 누가 객원 연사가 될 건가요? 야마모토씨가요.

Day 8 의문사 의문문 받아쓰기와 해석

1. What's the extension of the Human Resources department? 223.
해석] 인사부의 내선번호가 몇번인가요? 223요.

2. Which bag is yours? The yellow one.
해석] 어떤 가방이 당신건가요? 노란색요.

3. What's the matter with the computer? It won't turn on.
해석] 컴퓨터의 문제가 무엇인가요? 켜지질 않아요.

4. What's the agenda of tomorrow's meeting? Last quarter's financial data.
해석] 내일 회의의 의제가 무엇인가요? 지난 분기의 재정수치요.

5. Which department does Bruce work in? Facilities.
해석] 부르스씨는 어느 부서에서 일하나요? 시설부서요.

6. What's today's date? It's the 15th.
해석] 오늘 몇일이에요? 15일요.

7. Which of the sales representative is working today? Paul is here this afternoon.
해석] 영업사원 중에 누가 오늘 일하나요? 폴이 오늘 오후에 여기에 있어요.

8. What are the safety features of this machine? Let me show the manual.
해석] 이 기계의 안전기능은 어떤 건가요? 제가 매뉴얼을 보여드릴게요.

9. Which manager talked to you? I can't remember.
해석] 어떤 매니저가 당신과 얘기했나요? 기억이 안 나네요.

10. What kind of carpet should I buy? Something that goes well with your sofa.
해석] 제가 어떤 종류의 카펫을 사야하나요? 당신 소파와 잘 어울리는 것으로요.

11. Which airline are you taking to Tokyo? I haven't booked my flight yet.
해석] 동경까지 어떤 항공사를 이용할 건가요? 전 아직 비행기를 예약 안 했어요.

12. What accounting software does the company use? Let me ask Tony.
해석] 회사는 어떤 회계 소프트웨어를 사용하나요? 제가 토니에게 물어보죠.

13. What time will the flight arrive? At 2:30.
해석] 비행기는 몇 시에 도착하나요? 2시 30분에요.

14. Which folder has the handouts for the demonstration? The one with the company logo.
해석] 어떤 폴더가 시연회의 핸드아웃을 포함하고 있나요? 회사 로고가 있는 거요.

15. What color did you use for the company logo? Red and blue.
해석] 회사 로고에 어떤 색상을 사용하셨나요? 빨간색과 파란색요.

16. Which of these pictures would look better in the newsletter? I don't like either one.
해석] 이 사진 중 어떤 것이 사보에 더 좋아 보이나요? 전 둘 다 맘에 안 드네요.

17. What should I do with the extra paper? Put them in the box in the corner.
해석] 제가 추가 종이를 어떻게 해야 하나요? 구석에 있는 박스에 넣으세요.

18. What are you bringing to Kathy's retirement party? I won't be attending.
해석] 당신은 캐시의 은퇴파티에 무엇을 갖고 올 건가요? 전 안 가요.

19. Which would you prefer, cake or ice cream? Some of each, please.
해석] 어떤 걸 원하세요, 케익요? 아님 아이스크림요? 각각 조금씩 주세요.

20. What did you think of the play? It was fantastic.
해석] 연극에 대해서 어떻게 생각하셨나요? 너무 좋았어요.

Day 9 의문사 의문문 받아쓰기와 해석

1. Why did you call the technician? Because the printer is out of order.
해석] 당신은 왜 기술자를 불렀나요? 프린터가 고장 나서요.

2. How far is it to the hotel? It's two blocks away from here.
해석] 호텔이 얼마나 먼가요? 여기서부터 2블록이 떨어져 있어요.

3. How can I contact the new director? By e-mail.
해석] 제가 새로운 이사에게 어떻게 연락하나요? 이메일로요.

4. Why is the laboratory closed? It's being painted.
해석] 실험실이 왜 문이 닫혀있나요? 페인트칠 중이에요.

5. How was the job fair? Unfortunately it was postponed.
해석] 취업박람회는 어땠나요? 안타깝게도 박람회가 연기되었어요.

6. Why is the job still being advertised? The position hasn't been filled yet.
해석] 왜 일자리가 여전히 광고중인가요? 아직 사람을 구하지 못했어요(그 자리가 아직 안 찼어요).

7. Why was the plane cancelled? Because of the thunderstorm.
해석] 왜 비행기가 취소되었나요? 폭풍때문에요.

8. How long has the Richard Jewelry store been in business? For almost 8 years.
해석] 리차드 보석상은 얼마나 오랫동안 사업을 해 왔나요? 약 8년 동안요.

9. Why were you late to the meeting? I thought it was at 4:30.
해석] 당신은 왜 회의에 늦었나요? 전 회의가 4시 30분이라고 생각했어요.

10. How did you fix the computer? I restarted it.
해석] 당신은 어떻게 컴퓨터를 고쳤나요? 컴퓨터 다시 껐다 켰어요.

11. Why are they opening more branches in Tokyo? To attract more consumers in Asia.
해석] 그들은 왜 동경에서 더 많은 지점을 열건가요? 아시아에게 더 많은 고객을 끌어 들이려구요.

12. How often does the bus run? Every 15 minutes.
해석] 버스는 얼마나 자주 운행되나요? 매 15분마다요.

13. Why aren't you using the camera? There is a problem with it.
해석] 당신은 왜 카메라를 사용하지 않나요? 카메라에 문제가 있어요.

14. How many tables do we need for the reception? At least 50.
해석] 우리는 연회에 얼마나 많은 테이블이 필요하나요? 적어도 50개요.

15. Why hasn't the keynote speaker arrived yet? She's stuck in traffic.
해석] 기조 연설자는 왜 아직 도착하지 않았나요? 그녀가 교통체증에 걸려 있어요.

16. Why didn't Noriko enjoy the performance? She said it was too long.
해석] 노리코는 왜 공연을 좋아하지 않았나요? 공연이 너무 길었다고 그녀가 얘기했어요.

17. How can I operate this machine? I'll show you in a minute.
해석] 제가 이 기계를 어떻게 운전할 수 있나요? 곧 당신에게 보여드릴게요.

18. How did you learn about the position? By checking the company website.
해석] 당신은 이 자리를 어떻게 알아냈나요? 회사 웹사이트를 확인해서요.

19. Why don't we hold the annual conference in Vietnam? What an excellent idea!
해석] 우리 베트남에서 연례 회의를 갖는 것이 어때요? 너무 멋진 생각이에요!

20. Why don't you sit here while I bring a cup of tea? Thanks, I will.
해석] 당신은 제가 차 한잔을 갖다 드릴 동안 여기 앉으시겠어요? 고마워요 그럴게요.

의문사 의문문 받아쓰기와 해석

1. When will my dry cleaning be ready? In about an hour.
해석] 제 세탁물은 언제 준비되나요? 약 한 시간 후에요.

2. Why don't you stop by my office at 2? I'll be there at 2:30.
해석] 당신은 2시에 제 사무실에 들르시겠어요? 2시 30분에 거기 갈게요.

3. Who's attending the sales meeting in November? We are still discussing it.
해석] 누가 11월에 있는 영업회의에 참여할 건가요? 우린 계속 거기에 대해 논의 중이에요.

4. Why did you come to work so early? So that I could avoid heavy traffic.
해석] 당신은 왜 이렇게 일찍 출근했나요? 교통체증을 피하려구요.

5. What kind of information does the paper provide? Health and benefit.
해석] 이 문서는 어떤 정보를 제공하나요? 건강과 수당요.

6. Which restaurant would you like to try? Don't you have any recommendations?
해석] 어떤 식당에 가고 싶으세요? 당신은 추천할 곳 없으세요?

7. Why don't we reschedule the interview? OK, I will take care of it.
해석] 우리 인터뷰의 일정을 바꾸는 것이 어때요? 좋아요. 제가 처리하죠.

8. How much will it cost to advertise in the newspaper? It depends on the location of the ad.
해석] 신문에 광고하는 것이 비용이 얼마나 들까요? 광고 위치에 따라 틀리죠.

9. When will the museum open the sculpture exhibit? Sometime in November.
해석] 박물관은 언제 조각 전시를 시작하나요? 11월 언젠가요.

10. Who will be giving the presentation? Tony has volunteered to do it.
해석] 누가 발표를 할 건가요? 토니가 하겠다고 자원했어요.

11. Why is there so much traffic at this time of the day? There's a parade downtown.
해석] 이 시간에 왜 이렇게 교통량이 많아요? 시내에 퍼레이드가 있어요.

12. How did you like the presentation? I found it very interesting.
해석] 발표는 어땠어요? 전 매우 흥미롭다고 생각했어요.

13. Where is the budget proposal? I gave it to Jane.
해석] 예산 제안서는 어디에 있나요? 그거 제인에게 줬어요.

14. Where's the key to the supply closet? Actually, it's never locked.
해석] 비품함의 열쇠는 어디에 있나요? 사실, 그건 전혀 잠그지 않는데요.

15. Which jacket do you like better? Either one looks good.
해석] 당신은 어떤 점퍼가 더 맘에 드세요? 둘 다 괜찮아 보이네요.

16. When was the newspaper article published? Probably last Wednesday.
해석] 신문 기사는 언제 나왔나요? 아마 지난 주 수요일에요.

17. Who's going to lunch with us? The research team is joining us.
해석] 누가 우리와 점심을 먹으러 갈건가요? 연구팀이 우리와 함께할 거에요.

18. Where will the company picnic be held? It's in a new location this year.
해석] 회사 야유회는 어디서 열리나요? 올해에는 새로운 장소에서요.

19. Which cookie recipe did you use? The one you suggested.
해석] 당신은 어떤 쿠키 조리법을 사용하셨나요? 당신이 추천한 거요.

20. How do you usually buy airline tickets? Through my travel agent.
해석] 당신은 보통 어떻게 비행기표를 사나요? 제가 이용하는 여행사를 통해서요.

Day 11 일반 의문문 받아쓰기와 해석

1. Does the restaurant accept credit cards? No, they only take cash.
해석] 그 식당은 신용카드를 받나요? 아니요, 그들은 현금만 받습니다.

2. Don't you work on Fridays? Yes, but I'll be going away tomorrow.
해석] 당신은 금요일마다 근무하죠? 네, 하지만 전 내일은 떠나 있을 거에요.

3. Did you send out the invitations? Yes, and I've got five responses.
해석] 당신은 초대장을 보냈나요? 네, 그리고 전 다섯 건의 답장을 받았어요.

4. Is the fax machine working yet? Yes, it 's just been fixed.
해석] 팩스기계가 이젠 작동이 되나요? 네, 기계가 방금 수리되었어요.

5. Is the new manager in the office? Yes, but he's on the phone right now.
해석] 새로운 매니저가 사무실에 있나요? 네, 하지만 그는 지금은 통화중이세요.

6. Aren't you flying to New York this Saturday? Yes, I'm looking forward to that.
해석] 당신은 이번 주 토요일에 비행기타고 뉴욕으로 갈 거죠? 네, 전 정말 기대되요.

7. Wasn't Brian just promoted? Yes, he's a manager now.
해석] 브라이언이 막 승진했죠? 네, 지금 그는 매니저에요.

8. Is there a good Italian restaurant nearby? I'm sorry, I don't know.
해석] 이 근처에 좋은 이태리 식당이 있나요? 죄송하지만, 전 모르겠어요.

9. Isn't Martha supposed to make the hotel reservation? No, Mr. Wells will do that.
해석] 마사씨가 호텔 예약을 해야하죠? 아니에요, 웰스씨가 그것을 할 거에요.

10. Can you carry these boxes by yourself? No problem. They are not too heavy.
해석] 넌 이 박스를 혼자서 들 수 있니? 문제 없어요, 박스가 그렇게 무겁지 않아요.

11. Can I borrow your pen? Sure, it's on my desk.
해석] 제가 당신의 펜을 빌려도 될까요? 물론이에요, 그건 제 책상 위에 있어요.

12. Could you help me move this printer? I'd be happy to.
해석] 당신은 제가 이 프린터 옮기는 거 도와주실 수 있나요? 기꺼이요.

13. Should we take a break now? Let's continue working.
해석] 우리 지금 휴식을 취해야 하나요? 계속 일합시다.

14. Should I call the manager about the budget? You'd better do that.
해석] 제가 예산과 관련해 매니저에게 전화해야 하나요? 그러는 게 나을 거에요.

15. Would you like me to print this agenda? That would be helpful.
해석] 당신은 제가 이 의제를 프린트 해주길 원하세요? 그럼 도움이 될 것 같네요.

16. Would you like a glass of water, sir? Yes, I would.
해석] 물 한잔 원하세요? 네, 원해요.

17. Would you like to join us for dinner? Sure, when shall we meet?
해석] 당신은 저녁을 저희와 함께 할 수 있으세요? 물론이죠, 우리 몇 시에 만나죠?

18. Won't you be at the banquet tonight? Sorry, I can't make it.
해석] 당신은 오늘 밤 연회에 올 건가요? 죄송하지만, 전 못 가요.

19. Will you turn off the gas? I will when I leave.
해석] 가스 좀 꺼 줄래? 제가 떠날 때 끌게요.

20. Will you be transferring to New York? Yes, next month.
해석] 당신 뉴욕으로 전근 갈 예정인가요? 네, 다음달에요.

일반 의문문 받아쓰기와 해석

1. Do you need help with this printer? I can do it myself.
해석] 당신은 이 프린터에 대해 도움이 필요하세요? 저 혼자 할 수 있어요.

2. Is the pharmacy open until 6 tonight? No, it closes at 5.
해석] 약국이 오늘 밤 6시까지 열려 있나요? 아니요, 약국은 5시에 문 닫아요.

3. Could you fax the application by tomorrow? I'll do it right now.
해석] 당신은 내일까지 신청서를 팩스로 보내 줄 수 있나요? 지금 바로 보내드릴게요.

4. Did the shipment arrive yesterday? I think so.
해석] 배송물이 어제 도착했나요? 전 그렇다고 생각해요.

5. Are you going to the staff meeting? I'm on my way now.
해석] 당신은 직원 회의에 갈건가요? 지금 가는 중이에요.

6. Have you tried the new Vietnamese restaurant across the street? I will this evening.
해석] 길 건너편에 있는 새로운 베트남 식당 가보셨어요? 오늘 밤에 갈 거에요.

7. Isn't your mobile phone broken? It's finally working.
해석] 당신 핸드폰 고장났죠? 드디어 작동 되요.

8. Could you help me find the shirts in my size? I'll be right with you.
해석] 당신은 제 사이즈의 셔츠 찾는 걸 도와주실 수 있나요? 제가 바로 당신에게 갈게요.

9. Do you want to come to the retirement banquet on Friday? Sorry. I'll be out of town.
해석] 당신은 금요일에 은퇴 연회에 오길 원하세요? 죄송하지만, 전 출장가요.

10. Do you think we should get new computers for the office? No, the ones we have are working well.
해석] 당신은 우리가 사무실을 위해 새로운 컴퓨터를 사야 한다고 생각하세요? 아니요, 우리가 갖고 있는 컴퓨터는 잘 작동되요.

11. Have you read Wendy Iko's new book? When was it published?
해석] 웬디 아이코의 새로운 책을 읽어 보셨나요? 책이 언제 출간되었나요?

12. Can I pick you up at the airport? That'd be great.
해석] 내가 너 공항에 마중나갈까(태우러 갈까)? 그럼 좋지.

13. Shouldn't you make several copies? Oh, you're right.
해석] 당신은 복사를 몇 부 해야 하죠? 아, 당신 말이 맞아요.

14. Would you like more cake, sir? I'm full right now. Thanks.
해석] 당신은 케익을 좀 더 원하세요? 전 지금 배불러요. 고마워요.

15. Do you have time to go over this report? I'll be available at 3.
해석] 당신은 이 보고서를 검토할 시간이 있으세요? 전 3시에 시간이 되요.

16. Aren't you going to take a few days off? I'm planning to.
해석] 당신은 2~3 일 휴가 낼 거죠? 그럴 계획이에요.

17. Don't you usually drive to work? I decided not to.
해석] 당신 보통 차로 출근하죠? 그렇지 않기로 결정했어요.

18. Is there another flight to Paris today? I'm sorry, but the last flight left an hour ago.
해석] 오늘 파리로 가는 다른 비행기편이 있나요? 죄송하지만, 마지막 비행기가 한 시간 전에 떠났어요.

19. Didn't you enjoy the performance? I couldn't go.
해석] 공연 재밌었죠? 전 못 갔어요.

20. Do you know anyone who works in film production? My sister does.
해석] 당신은 영화 제작에서 일하는 누군가를 알고 있나요? 제 누이가 일해요.

일반 의문문 받아쓰기와 해석

1. Didn't you get Mr. Chang's email? When was it sent?
해석] 당신은 창씨의 이메일을 받았나요? 언제 보냈죠?

2. Isn't Kevin in charge of computer repairs? No, Martin is.
해석] 케빈이 컴퓨터 수리 담당이죠? 아니요, 마틴이 담당이에요.

3. Are you going to fly to Montreal or take a train? We're going by plane.
해석] 당신들은 몬트리올로 비행기타고 가세요? 아니면 기차타세요? 우린 비행기 타고 가요.

4. Has the fax machine been repaired yet? No, it's still broken.
해석] 팩스기계가 이제 수리 되었나요? 아니요, 여전히 고장이에요.

5. Can I give you a hand with that box? I'd appreciate that.
해석] 제가 그 박스 (작업하는 거) 도와드릴까요? 그럼 고맙죠.

6. Is Ms. Cho in today? Yes, but she's at a meeting with a client.
해석] 조씨 안에 계신가요? 네, 헌데 그녀는 고객과 회의 중이에요.

7. Would you prefer a window or aisle seat? It doesn't matter.
해석] 창가자리 원하세요 아님 복도자리 원하세요? 상관없어요.

8. Do you think we've ordered enough food? Yes, we have plenty.
해석] 당신은 우리가 충분한 음식을 주문 했다고 생각하세요? 네, 충분히 있어요.

9. Have you met the new regional director? Not yet, have you?
해석] 당신은 새로운 지사장님을 만나셨나요? 아직요, 당신은요?

10. Could you work late tonight? Sorry, I have other plans.
해석] 당신 오늘 밤 늦게까지 일할 수 있나요? 죄송한데, 다른 계획이 있어요.

11. Didn't you hear about Maria's promotion? No, but that's great news.
해석] 당신은 마리아의 승진에 대해서 얘기 들었죠? 아니요, 하지만 그것은 좋은 소식이네요.

12. Do you have time to talk now or should we meet after lunch? How about 3:30?
해석] 당신 지금 얘기 할 시간 있으세요? 아니면 점심 이후에 만날까요? 3시 반은 어때요?

13. Was the president happy with the research result? He was quite impressed.
해석] 사장님이 연구결과에 만족하셨나요? 꽤 좋은 인상을 받으셨대요.

14. Do you want the proposal now or can I drop it off later? I need it before lunch.
해석] 당신은 제안서를 지금 원하세요? 아님 나중에 갖다 드릴까요? 전 제안서가 점심 전에 필요해요.

15. Can't you use less expensive materials in the interior of the building? I'll ask the manager about it.
해석] 당신은 건물 인테리어에 덜 비싼 자재를 사용할 수 있죠? 그건 매니저한테 물어볼게요.

16. Does the price include the delivery? No, you'll have to pay extra.
해석] 이 가격이 배송을 포함하나요? 아니요, 당신은 추가로 더 지불 하셔야 해요.

17. Isn't the report due tomorrow? No, not until Friday.
해석] 보고서가 내일 마감이죠? 아니에요, 금요일에요.

18. Would you be interested in designing our new line of shoes? When do you need it done?
해석] 신발 신상품 디자인하는 거 관심 있으세요? 당신은 그것이 언제 되길 원하세요?

19. Are there seats available for tonight's performance? Sorry, but tickets are sold out.
해석] 오늘 밤 공연에 빈 자리 있나요? 죄송하지만, 표가 다 팔렸어요.

20. Didn't the development workshop go well? I thought it did.
해석] 개발 워크샵 잘 진행되었죠? 전 그렇다고 생각해요.

Day 14 일반 의문문 받아쓰기와 해석

1. Do you want to have pizza delivered or eat out? Let's order it since it's raining.
해석] 당신은 피자 배달 원하나요? 아니면 나가서 먹을 까요? 비가 오니까 주문하죠.

2. Can you tell me why the president's speech was cancelled? No one is sure yet.
해석] 당신은 사장님의 연설이 왜 취소되었는지를 저에게 알려줄 수 있나요? 아직 아무도 몰라요.

3. Should we invite more people to the banquet? No, we already have enough guests.
해석] 우리가 연회에 더 많은 사람을 초대해야 하나요? 아니요, 손님은 충분히 있어요.

4. Has Daniel left a package for me? I haven't seen one.
해석] 다니엘이 제 앞으로 소포를 두고 갔나요? 못 봤는데요.

5. Would you like me to help you with the printer? Do you have time?
해석] 당신은 제가 프린터 (작업) 도와주길 원하세요? 시간은 있으세요?

6. Do you want to speak with the manager or the assistant manager? The manager if he's here.
해석] 당신은 매니저와 얘길하길 원하세요? 아니면 부매니저와 얘기하길 원하세요? 계신다면 매니저요.

7. Have you been reimbursed for your trip to Tokyo? Yes, I got the check yesterday.
해석] 당신은 동경 여행에 대해 환급을 받았나요? 네, (환급) 수표 어제 받았어요.

8. Are you able to work overtime tonight? Not today, sorry.
해석] 당신은 오늘 시간 외 근무를 할 수 있나요? 오늘은 안 돼요. 죄송해요.

9. Is the furniture arriving today or tomorrow? Neither, it will be here next week.
해석] 가구가 오늘 도착하나요? 아님 내일 도착하나요? 둘 다 아니구요. 다음주에 올 거에요.

10. Is the apartment on the first floor available? Yes, and it has a patio.
해석] 1층의 아파트는 입주 가능한가요? 네, 그리고 야외 뜰도 있어요.

11. Haven't we received that invoice yet? Let me check on that.
해석] 우리 송장 받았죠? 제가 확인해 볼게요.

12. Can anyone take this letter to the laboratory? I should be able to do that.
해석] 누군가가 이 편지를 실험실로 가져갈 수 있나요? 제가 할 수 있을 것 같아요.

13. Do you know where Mr.Lee's office is? At the end of the hallway.
해석] 당신은 이씨의 사무실이 어디에 있는 지 아세요? 복도 끝 쪽에요.

14. Do you want this printed in color or black and white? In color, please.
해석] 당신은 이것이 컬러로 인쇄되길 원하세요? 아니면 흑백으로 인쇄되길 원하세요? 칼라로 부탁해요.

15. Can I access the electronic flyers on this computer? As long as you have the password.
해석] 제가 이 컴퓨터의 전자 전단지에 접근할 수 있나요? 당신이 비밀번호를 갖고 있다면요.

16. Do you prefer the yellow shoes or the red shoes? Neither, I like the black ones.
해석] 당신은 노란색 신발이 더 좋으세요? 아님 빨간 구두가 더 좋으세요? 둘 다 싫고요. 전 검정색 구두가 좋네요.

17. Wasn't the conference call rescheduled for Wednesday? Let me check that for you.
해석] 전화회의가 수요일로 변경되었죠? 제가 확인해 드리죠.

18. Do you know who will be promoted to vice president? Grace Taylor, the regional director.
해석] 당신은 누가 부사장으로 승진 될 건지 아세요? 그레이스 테일러 지부장님요.

19. Can you tell me how to fix the copy machine? I'll show you in a minute.
해석] 당신은 복사기를 어떻게 수리하는지 알려 주실 수 있나요? 곧 보여드릴게요.

20. Do you know why Ms. Blake isn't in her office? She's at a meeting.
해석] 당신은 왜 블레이크씨가 그녀의 사무실에 없는지 아세요? 그녀는 회의 중이에요.

Day 15 일반 의문문 받아쓰기와 해석

1. Did the client approve our proposal? They are still reviewing it.
해석] 고객이 우리의 제안을 승인했나요? 그들은 아직 검토중이에요.

2. Aren't you supposed to meet your client soon? He'll be arriving shortly.
해석] 당신은 당신의 고객과 곧 만날 예정이지요? 그는 곧 도착할 거에요.

3. Have you been to the new fitness center? No, not yet.
해석] 새로운 헬스장에 가보셨나요? 아니요, 아직이요.

4. Shouldn't we find a place to have the company picnic? I'll take care of it.
해석] 우리 회사 야유회를 열기 위해 장소를 찾아야 하죠? 제가 처리할게요.

5. Do you know why Mr. Yamamoto hasn't been in the office this week? He's on holiday.
해석] 당신은 왜 야마모토씨가 이번 주에 사무실에 안 계시는 지 아세요? 그는 휴가중이에요.

6. Isn't Ms. Grace transferring to Boston? No, she decided to stay here.
해석] 그레이스씨는 보스톤으로 전근갈거죠? 아니요, 그녀는 여기에 있기로 결정했어요.

7. Should I contact Mr. Edward directly? His secretary is easier to reach.
해석] 제가 에드워드씨와 직접 연락을 해야하나요? 그의 비서가 더 연락을 하기가 쉬울 거에요.

8. Did you send out the notice about the project deadline? I thought Mark was going to do it.
해석] 당신은 프로젝트 마감일에 대해서 공지를 보냈나요? 전 마크가 할거라고 생각했어요.

9. Would you like to come to the product demonstration? Who will be giving the presentation?
해석] 제품 시연회에 오실래요? 누가 발표를 하지요?

10. Have you seen the new payroll manager lately? She was just here.
해석] 새로운 급여부장님 최근에 보셨나요? 방금 여기 계셨는데요.

11. Could I have a copy of the company newsletter? It's available in the lobby.
해석] 제가 회사 사보 한 부를 받을 수 있을까요? 로비에 있어요.

12. Do you know when the construction of the new museum will be completed? Sometime next month.
해석] 새로운 박물관 공사가 언제 완료되는 지 알고 있나요? 다음 달 어느 날요.

13. Didn't you revise the dessert menu? Yes, I have it right here.
해석] 당신은 후식 메뉴를 바꾸셨죠? 네, 바로 여기 있어요.

14. Should we buy some new supply cabinets or keep the old ones? That depends on the price.
해석] 우리는 새로운 물품함을 사야하나요? 아니면 지금 쓰는 걸 그냥 갖고 있을 까요? 그건 가격에 달려있죠.

15. Was your article in yesterday's newspaper? Yes, on the front page.
해석] 당신의 기사가 어제 신문에 있었나요? 네 첫 페이지에요.

16. Wouldn't it be nice to go outside? That doesn't sound like a bad idea.
해석] 밖으로 나가는 게 좋겠죠? 나쁜 생각은 아니네요.

17. Have you finished testing the new software? No, we're not quite done.
해석] 당신은 새로운 소프트웨어 테스트를 끝냈나요? 아니요, 우리 아직 못 끝냈어요.

18. Couldn't we use paper instead of plastic for packaging? Wouldn't that be more expensive?
해석] 우리 포장에 플라스틱 대신 종이를 사용할 수 있지요? 그게 더 비싸지 않을 까요?

19. Would you send the invoice to Mr. Wang? Yes, but I need his address.
해석] 왕씨에게 송장을 보내시겠어요? 네, 하지만 전 그의 주소가 필요해요.

20. Did you hear who the new project director is? It's Mr. Walton.
해석] 당신은 누가 프로젝트 감독이 누구인지를 들었나요? 왈튼씨에요.

Day 16 Script

[대화 1]

M: Hello, I'm calling to check if there are any tickets available for the jazz concert on Friday, May 21st.
W: Yes, there are still a few seats available for that performance.

남: 안녕하세요. 5월 21일 금요일 재즈 콘서트에 자리가 있는 지 확인하려고 전화드렸습니다.
여: 네, 그 공연에 자리가 2~3 자리 남아있네요.

[대화 2]

W: Excuse me, do you have this skirt in a bigger size? I'm looking for a medium. But I can only find a small.
M: I'm sorry, ma'am. But that is all we have at the moment. We are getting in our summer merchandise next week. So we are no longer restocking spring items.

여: 실례지만, 이 스커트 더 큰 사이즈도 있나요? 전 중간 사이즈를 찾고 있는데요. 작은 사이즈만 보이네요.
남: 죄송합니다만, 지금 우리가 갖고 있는 게 그게 다예요. 우리는 여름 상품을 다음 주에 입고 합니다. 그래서 봄 상품은 더 이상 채우지 않아요.

[대화 3]

M: Ann, I haven't received any email messages all morning. What's going on?
W: No one in the office is receiving email right now. Our tech support team is taking a look at it.

남: 앤, 아침 내내 이 메일을 못 받고 있는데, 무슨 일이지?
여: 현재 사무실에서 아무도 이메일을 못 받고 있어. 우리 기술 팀이 보고 있는 중이야.

[대화4]

W: Hi, Ken. I'll be staying in Madrid for a couple of months collecting information on Spanish architecture. I know you lived in Madrid for quite a long time, and I was wondering if you have any recommendations for places to stay.
M: Well, since you'll be there for a while, I suggest renting an apartment instead of staying in a hotel.

여: 안녕, 켄. 전 마드리드에서 스페인 건축에 대한 정보를 수집하기 위해 마드리드에 있을 예정이에요. 전 당신이 마드리드에서 꽤 오랫동안 살았다는 걸 알아요. 당신이 지낼 장소에 대해 추천할 곳이 있는 지 궁금하네요.
남: 글쎄요, 당신이 거기서 오랫동안 있을 거니까요 호텔에 머무는 거 보다는 아파트 임대하는 것을 추천할게요.

[대화 5]

W: Malcom, I can't believe that next month is already our company's 10th anniversary. What do you think about having a party to celebrate it with all our employees?

M: We should do that. Why don't we hold it in a hotel? Or if you'd like, we can have the event here in the company building. I know a good catering company.

여: 말콤. 다음 달이 벌써 우리 회사 10주년이라는 게 믿어지지 않아요. 우리 모든 직원들과 함께 기념일을 축하하는 파티를 여는 게 어때요?
남: 그래야지요. 호텔에서 파티를 하는 게 어때요? 아니면, 당신만 좋다면 회사 건물 내에서 행사를 치를 수도 있어요. 제가 좋은 출장 부페 업체를 알거든요.

[대화 6]

M: Hello, I bought this video player here last week but the player doesn't work. I followed all the instructions specified in the manual, so I think the player's defective.

W: Oh, I'm sorry to hear that. Would you like a refund for the player or would you prefer to exchange it for another one?

남: 안녕하세요. 제가 지난 주에 이 비디오 플레이어를 샀는 데요. 플레이어가 작동이 안되네요. 제가 설명서에 명시된 모든 지시사항을 따랐는데도요. 그래서 제 생각엔 플레이어가 결함이 있는 것 같아요.
여: 아 죄송해요. 당신은 플레이어에 대해 환불을 원하세요? 아니면 다른 플레이어로 교환하고 싶으세요?

[대화 7]

W: How was your trip to Beijing? Did the negotiation with the people from the Carter Automotive go well?

M: The trip was a huge success. They signed a 7-year contract. I believe this will help us continue to secure our company's position as the number one car parts provider.

여: 베이징 출장 어땠어요? 카터 자동차사 사람들과의 협상은 잘 되었나요?
남: 출장은 큰 성공이었어요. 그들이 7년 계약을 체결했어요. 전 이 계약이 우리가 일등 자동차 부품회사 자리를 계속 유지하는 데 도움이 될 거라 믿어요.

[대화 8]

M: Did you hear about the president's plan for the company logo? He wants to change it, so he is asking each of us to come up with a new idea.

W: Yes, I saw that on the company website. But I think we should carefully approach changing the company logo, since it is the key symbol of the corporate identity.

남: 당신은 회사 로고에 대한 사장님의 계획에 대해 들으셨나요? 사장님이 로고를 변경하고 싶어해요. 그래서 우리 모두에게 새로운 아이디어를 만들라고 했어요.
여: 네, 회사웹사이트에서 봤어요. 하지만 전 우리가 회사 로고를 변경하는 데 조심스럽게 접근해야 한다고 봐요. 로고는 기업 정체성의 주요 상징이잖아요.

Day 17 Script

41	A	42	C	43	D	44	A	45	D	46	A
47	A	48	D	49	C						

Questions 41 through 43 refer to the following conversation.

M: Hi, This is Michael Lee. **㊶ I'm not a patient of Doctor Wang, but I'm calling because a toothache is really bothering me ㊸ and I'd like to make an appointment to get it checked out.**
W: Let me see. We have an opening at 2:30 this afternoon. Can you come then?
M: I'm sorry, but could I see him later than that? I have a conference call with a client and it won't be finished until 2 o'clock. I don't think I can make it.
W: Then he has another time available at 5, ㊸ **but you have to come 30 minutes early.** A new patient is required to fill out an insurance form before seeing the doctor.

남: 안녕하세요. 전 마이클 리에요. 전 왕박사님의 환자는 아니지만, 치통이 절 너무 괴롭혀서 약속을 잡고 진료를 받으려고(치통 확인을 받으려고) 전화를 드렸습니다.
여: 잠시만요(제가 볼게요). 저희가 오늘 오후 2시 30분에는 자리가 비어 있는데요. 그때 오실 수 있으세요?
남: 죄송한데 제가 그 보다는 늦게 갈 수 있나요? 제가 고객과 전화회의가 있는 데 2시나 되서야 끝날 것 같아서요. 그 시간까지는 못 갈 것 같아요.
여: 그럼, 의사선생님이 5시에 또 시간이 비어 있는데요. 단, 30분 전에 도착하셔야 해요. 신규 환자는 진료를 받기 전에 보험 서류를 작성해야 하거든요.

41. 남자는 무엇을 원하는가?
(A) 약속 잡기
(B) 약속 취소하기
(C) 회의 일정 조정하기
(D) 여자에게 회의에 대해 알려주기 위해

42. 여자는 어디서 일하고 있는가?
(A) 호텔 프론트 데스크에서
(B) 소매점에서
(C) 병원에서
(D) 회의 센터에서

43. 여자는 남자에게 뭘 하라고 요청하는가?
(A) 주문을 처리하라고
(B) 신청서를 갖고 오라고
(C) 떠나기 전에 전화하라고
(D) 약속 시간 보다 일찍 오라고

Questions 44 through 46 refer to the following conversation.

W: A friend and I have a reservation for dinner on Thursday night. ㊹ **But I just found out I have to work late on Thursday, so I won't be able to make it.** Would it be possible for us to come another night instead?

M: Well, let me check...We are fully booked this Friday ㊺ **but we have some seats available for Saturday night though.**

W: Oh, Saturday would be perfect. I assumed you wouldn't have seating available on the weekend since you're usually so busy. ㊻ **I'll call my friend and see if Saturday night is convenient for her.**

여: 제 친구와 제가 목요일 밤 저녁 예약을 했는데요. 헌데 제가 방금 목요일 저녁 늦게 까지 일해야 한다는 걸 알았네요. 그래서 제가 그 시간에 못 갈 것 같아요. 저희가 대신 다른 날 밤에 가도 될까요?
남: 글쎄요. 제가 확인해 보죠. 저희는 이번 주 금요일에 예약이 꽉 찼고요. 하지만 토요일 밤에는 자리가 비어 있네요.
여: 아, 토요일은 완벽해요. 전 당신 식당이 보통 붐벼서 주말에는 자리가 없을 줄 알았어요. 제 친구에게 전화해서 토요일 밤이 편한지 알아볼게요.

44. 여자의 문제는?
(A) 예약을 지키지 못한다.
(B) 제 시간에 출근 하지 못했다.
(C) 여행가야 한다.
(D) 몸이 안 좋다.

45. 남자는 여자에게 무엇을 말하는가?
(A) 그녀는 환불 받을 자격이 된다.
(B) 그녀는 다른 번호로 전화해야 한다.
(C) 그녀는 다른 지점을 방문해야 한다.
(D) 그녀는 다른 날을 고를 수 있다.

46. 여자는 자신이 무엇을 할 거라고 얘기하는가?
(A) 그녀의 친구에게 얘기할 거라고
(B) 손님 명단을 변경하겠다고
(C) 메뉴를 보겠다고
(D) 매니저에게 전화하겠다고

Questions 47 through 49 refer to the following conversation.

W: ㊼ **John, I need to change my itinerary for my business trip to Salamanca.** I was planning to return immediately after my meeting on Thursday, ㊽ **but now the vice president wants me to stay a few more days to visit the branches we've just newly opened.**

M: It's not a problem to change the flight and hotel reservations, but are you going to use the same hotel for the rest of the days? As far as I remember, the new branches are located in the suburban areas.

W: I'd better rent a car and drive to the areas. I want to stay downtown, ㊾ **so I'd like you to reserve the same hotel.**

여: 존, 제가 살라망카로 가는 출장 일정을 변경해야 하는 데요. 제가 목요일 회의직후에 바로 돌아올 계획이었는데, 지금 부사장님이 제가 2~3일 더 머물면서 방금 우리가 문을 연 지점을 방문하기를 원해요.
남: 비행기와 호텔 예약 변경은 문제 없어요. 하지만 나머지 날에 똑같은 호텔을 사용하실 건가요? 제가 기억하기로는 새로운 지점들이 교외지역에 있는 걸로 아는 데요.
여: 전 차를 렌트해서 그 지역까지 운전할 거예요. 전 시내에 머물고 싶어서요. 전 당신이 똑같은 호텔을 예약해주길 원해요.

47. 대화는 주로 무엇에 관한 것인가?
(A) 여행 계획
(B) 마케팅 전략
(C) 항공사 정책
(D) 관광지

48. 여자는 무엇을 하라는 요청을 받았는가?
(A) 장비한대를 임대하라고
(B) 발표하라고
(C) 조립 라인을 검사하라고
(D) 지점을 방문하라고

49. 여자는 무엇을 결심했는가?
(A) 다른 수리점을 가기로
(B) 대중교통을 이용하기로
(C) 똑 같은 호텔을 사용하기로
(D) 교육을 취소하기로

Day 18 Script

41	A	42	D	43	C	44	D	45	C	46	B
47	A	48	C	49	A						

Questions 41 through 43 refer to the following conversation.

W: Excuse me, sir. ㊶㊷ **Could you tell me where the dining car is?**
M: ㊶ **It's at the rear of the train.** But it's closed now and won't open for another two hours. ㊷ **You could get some snacks from the next station.**
W: I see, but will there be enough time for me to do that?
M: Yes, we will stop for about 20 minutes there due to railway congestion. ㊸ **You have to take your ticket with you though.** One of the conductors will check your ticket when you re-board.

여: 실례지만, 식당칸이 어디 있는지 알려 줄 수 있나요?
남: 기차 뒤 편에 있습니다. 하지만 지금은 문을 닫았구요. 앞으로 두 시간 동안은 열지 않을 거에요. 다음 역에서 먹을 걸 사세요.
여: 알겠습니다. 하지만 제가 그럴 시간이 충분할 까요?
남: 네, 우리는 거기서 선로 정체로 약 20분 동안 정차할 거에요. 그런데 당신은 표를 가지고 가셔야 해요. 승무원이 당신이 재탑승하실 때 당신의 표를 확인할 겁니다.

41. 말하는 이들은 어디에 있는가?
(A) 기차에
(B) 식당에
(C) 교육에
(D) 비행기에

42. 여자는 무엇을 원하는가?
(A) 표 주문하기
(B) 기념품 가게 가기
(C) 다른 선으로 갈아타기
(D) 음식 사기

43. 남자는 여자에게 무엇을 하라고 제안하는가?
(A) 신분증을 준비하라고
(B) 방송을 들으라고
(C) 표를 가져 가라고
(D) 메뉴를 확인하라고

Questions 44 through 46 refer to the following conversation.

M1: ㊹ We just got new merchandise for the spring season. As we sold most of the winter clothes, we'd better put them on display. ㊺ Could you work overtime today?
M2: ㊺ I don't mind staying late tonight. We should stock the shelves with all of them before the long weekend. Where do you want me to put them?
M1: Actually, some of the clothes were mentioned in an article in a newspaper last week. ㊻ It should be good advertising for us. I think we should hang those items for window displays.

남1: 우리는 봄 시즌 신제품을 방금 받았어요. 우리가 겨울 옷을 거의 팔았으니까 신제품을 진열하는 게 낫겠어요. 당신 시간 외 근무 할 수 있으세요?
남2: 전 오늘 밤 늦게까지 있어도 상관없어요. 긴 주말이 오기 전에 선반에 모든 신상품을 놓아야 해요. 제가 그 신상품들을 어디에다 두길 원하세요?
남1: 사실, 이 옷들 중 일부는 지난 주 신문 기사에서 언급이 되었어요. 그게 우리에게 좋은 광고가 될 거예요. 제 생각엔 그 물건들을 윈도우 디스플레이를 위해 매달아 놨으면 해요.

44. 남자들은 어디에서 일하고 있는가?
(A) 마케팅회사에서
(B) 공장에서
(C) 출판사에서
(D) 가게에서

45. 남자들은 뭘 하기로 결정했는가?
(A) 상품을 보내기로
(B) 물건을 광고하기로
(C) 늦게까지 일하기로
(D) 할인을 제공하기로

46. 남자는 기사에 대해 무엇을 얘기했는가?
(A) 기사는 상품을 잘 진열하는 방법을 언급했다.
(B) 기사는 좋은 광고가 될 거다.
(C) 기사는 다음 주에 나올 거다.
(D) 그렇게 많은 사람들이 기사를 읽지 않았다.

Questions 47 through 49 refer to the following conversation.

W: Michael, ⓘ **do you know how many stops are left before we arrive in Manchester?** ⓘ **The performance begins in just half an hour.** I'm worried that we could be late for the play.
M: You don't have to worry about it. I'm sure we'll be there right before the curtain goes up. There are only three stops left along the way. ⓘ **Fortunately, traffic conditions on the road are pretty good.** Furthermore, we have assigned seats so we don't have to wait in line to buy tickets.
W: You are absolutely right. You know. I'm really excited to see Jack Wilson' show. ⓘ **He's such a famous play writer, right?**

여: 마이클, 우리가 맨체스터에 도착하기 전까지 몇 개의 정거장이 남았는 지 넌 아니? 공연이 겨우 30분 후면 시작인데, 연극에 늦을 까 봐 걱정돼.
남: 걱정할 필요 없어. 우린 연극이 시작하기 바로 전에 거기에 도착할 거야. 가는 길에 세 정거장만 남았어. 다행히 거리의 교통 상황이 꽤 좋아. 더군다나, 우린 지정 좌석이 있어서 줄 서서 티켓을 살 필요도 없어.
여: 너 말이 맞아. 있지. 난 잭 윌슨의 작품 보는 게 너무 기대돼. 그 사람은 너무 유명한 연극 작가잖아. 그지?

47. 말하는 이들이 어디에 있는가?
(A) 버스에
(B) 극장에
(C) 매표소 앞에
(D) 긴 줄에

48. 공연은 언제 시작하는가?
(A) 15분 후에
(B) 20분 후에
(C) 30분 후에
(D) 90분 후에

49. 여자가 공연에 대해 뭐라고 얘기했는가?
(A) 연극작가가 유명하다.
(B) 공연은 상을 받았다.
(C) 공연은 많은 비평가로부터 좋은 평을 받았다.
(D) 표가 다 팔렸다.

Day 19 Script

| 41 | B | 42 | C | 43 | B | 44 | B | 45 | C | 46 | A |
| 47 | D | 48 | C | 49 | A | | | | | | |

Questions 41 through 43 refer to the following conversation.

W: Hi. I am calling about a recent purchase from your catalog. I ordered some shoes, ⓘ **but they are too**

small for me. ㊷ **I am planning to exchange them for a larger size. How can I do that?**
M: If you would like to exchange the shoes, you can either take them to one of our stores or you can mail them back to us. Do you have a preference?
W: I prefer to visit one of your stores. That way, I can pick up the shoes that will fit me. The item number is 2113. Could you tell me which store I should visit?
M: ㊸ **If you give me your address, I can check the stock in the store closest to you.**

여: 안녕, 당신네 카탈로그에서 최근 한 주문건에 대해 전화를 드립니다. 제가 신발을 주문했는데요, 저한테 너무 작네요. 조금 더 큰 사이즈로 교환할 계획인데요. 제가 어떻게 해야 하나요?
남: 당신이 신발을 교환하고자 한다면, 저희 매장 중 한 매장에 그 신발을 갖고 오시거나 아니면 우리에게 다시 우편으로 보내 주시면 되요? 뭘 원하세요?
여: 전 매장에 방문하고 싶어요. 그래야, 제가 저에게 맞는 신발을 고를 수 있잖아요. 물건 번호는 2113이예요. 제가 어느 매장으로 가야 하는 지 알려주실 수 있나요?
남: 저에게 당신의 주소를 알려 주시면, 제가 고객님과 가장 가까운 매장의 재고를 확인해 볼게요.

41. 신발의 문제는 무엇인가?
(A) 잘못된 색상이다.
(B) 잘못된 사이즈다.
(C) 예쁘지 않다.
(D) 결함이 있다.

42. 여자는 무엇을 할 계획인가?
(A) 주문을 취소한다.
(B) 환불을 요청한다.
(C) 구매를 교환한다.
(D) 카탈로그를 요청한다.

43. 남자는 무엇을 확인할 것인가?
(A) 물건을 어디로 배송할 건지
(B) 물건이 재고가 있는지
(C) 환불을 어떻게 받을 건지
(D) 배송이 언제 도착할 건지

Questions 44 through 46 refer to the following conversation.

M: Hello. I'm calling because I bought a ticket for Friday's Jazz concert, ㊹ **but I've lost it.** Is there anything I can do about this?
W: It's not a problem. ㊺ **If you purchased the ticket with a credit card, bring the card with you to the concert** and show it to the ticket seller. Your ticket will be reissued then.
M: That's great! I did use a credit card. But I'm worried that I won't be able to be there early that day. Is there any way that I can get the ticket without having to wait in line?
W: Don't worry, sir. ㊻ **You can get the new ticket at the fast service booth right next to the entrance.**

남: 안녕하세요. 저는 제가 금요일 재즈 콘서트 표를 샀는데 그걸 잃어 버려서 전화 드렸습니다. 여기에 대해 제가 할 수 있는 게 있나요?
여: 그건 문제가 되지 않아요. 당신이 표를 신용카드로 구매했다면 콘서트에 신용카드를 갖고 오셔서 티켓 판매인에게 보여 주세요. 그럼 당신의 표가 다시 발행될 거예요.
남: 잘 됐네요! 제가 신용카드를 사용했거든요. 그런데, 제가 그날 일찍 거기에 도착하지 못할 것 같아 걱정이에요. 제가 줄 서지 않고 티켓을 얻을 방법이 있나요?
여: 걱정마세요. 새로운 티켓을 입구 바로 옆에 있는 빠른 서비스 창구에서 받으실 수 있어요.

44. 남자는 어떤 문제를 언급하는가?
(A) 그는 지시사항을 따르지 않았다.
(B) 그는 물품을 잃어 버렸다.
(C) 그는 예약을 하지 않았다.
(D) 그는 서류를 까먹고 갖고 오지 않았다.

45. 남자는 무엇을 갖고 오라는 요청을 받고 있는가?
(A) 영수증
(B) 사진이 포함된 신분증
(C) 신용카드
(D) 공연 티켓

46. 여자는 남자에게 무엇을 하라고 제안하는가?
(A) 특별 창구로 오라고
(B) 미리 일정을 확인하라고
(C) 확인 번호를 달라고
(D) 멤버쉽 카드를 만들라고

Questions 47 through 49 refer to the following conversation.

M: Hi, I have an appointment at 11 o'clock with Doctor Brett.
W: ㊼ **Oh, you must be Mr. Sanchez. I tried to reach you at your office this morning, and I left a telephone message for you.**
M: I haven't had a chance to check my messages today because I had an early conference call and then came straight here. Is there a problem?
W: I'm sorry but Dr. Brett's schedule changed at the last minute. ㊽ **He had to attend an emergency meeting at the hospital.** So he won't be in until this afternoon. ㊾ **Would you mind if I reschedule you for tomorrow morning at the same time?**

남: 안녕하세요. 제가 브렛 박사님과 11시에 약속이 되어 있는데요.
여: 아, 산체스씨죠? 제가 오늘 오전에 당신의 사무실에 연락을 드렸는데요. 전화 메시지도 남기고요.
남: 제가 메시지를 확인할 시간이 없었어요. 오전 일찍부터 전화회의가 있었고요 그리고 나서 바로 여기로 온 거에요. 문제가 있나요?
여: 죄송한데 브렛 박사님의 일정이 막판에 변경이 되었어요. 병원에서 열린 긴급 회의에 가셔야만 했어요. 그래서 오늘 오후나 되서 오실거에요. 제가 똑같은 시간으로 내일 오전에 당신의 일정을 다시 잡아드려도 될까요?

47. 여자는 누구인가?
(A) 의사
(B) 전화 안내원
(C) 회의 기획자
(D) 리셉셔니스트

48. 브렛 박사님은 왜 없는가?
(A) 그는 차를 고치고 있다.
(B) 그는 점심 먹으러 나갔다.
(C) 그는 회의 중이다.
(D) 그는 휴가 중이다.

49. 여자는 남자에게 무엇을 하라고 제안하는가?
(A) 약속을 잡으라고
(B) 잠시 기다리라고
(C) 연락처를 업데이트하라고
(D) 갱신하라고

Day 20 Script

41	B	42	C	43	A	44	A	45	A	46	C
47	C	48	B	49	C						

Questions 41 through 43 refer to the following conversation.

M: Denise, ㊶ **How do you like the new payroll software we purchased? I heard it's been really helpful in keeping track of salary data for all the employees.**
W: Yes, I've also been very pleased with it. ㊷ **What I really like about the software program is that the instructions are easy to follow,** but it's still taking me quite a while to enter all the payroll information into the computer.
M: ㊸ **Well, our new temporary assistant is starting to work next Monday.** Since the program is not complicated to use, it shouldn't take long to train her. Then she can enter all the data and you'll be free to do other work.

남: 데니스, 우리가 구매한 새로운 급여 소프트웨어 맘에 드나요? 전 그 소프트웨어가 모든 직원의 급여 데이터를 추적하는 데 매우 도움이 되고 있다는 얘기를 들었어요.
여: 네, 저도 매우 만족해 하고 있어요. 제가 소프트웨어 프로그램에 대해 정말 맘에 드는 건 설명서가 따라 하기 쉽다는 거에요. 하지만 여전히 저는 모든 급여 정보를 컴퓨터에 입력하는 데 시간이 꽤 걸리네요.
남: 흠.. 새로 일할 임시 비서가 다음 주 월요일부터 일하기 시작해요. 프로그램이 사용하기가 복잡하지 않기 때문에 비서를 교육하는 데 오래 걸리지 않을 거에요. 그럼 그녀는 모든 데이터를 입력할 수 있고, 당신은 다른 일을 할 시간이 생길 거에요.

41. 소프트웨어 프로그램은 무엇을 위한 것인가?
(A) 고객 불만을 추적하는 것
(B) 급여 데이터를 처리하는 것
(C) 프로젝트의 일정을 짜는 것
(D) 고객에게 비용을 청구하는 것

42. 남자는 소프트웨어 프로그램에 대해 무엇이 맘에 든다고 얘기하는가?
(A) 빠르다.
(B) 가격이 적당하다.
(C) 사용법이 간단하다.
(D) 맞춤화 할 수 있다.

43. 월요일에는 무슨 일이 있는가?
(A) 새로운 직원이 도착한다.
(B) 사업장이 문을 닫는다.
(C) 특별한 홍보가 실시된다.
(D) 교육 매뉴얼이 개정된다.

Questions 44 through 46 refer to the conversation.

W: Hi, Mike, it's Sandy. I just got your e-mail that you finished analyzing the annual sales data. **㊹ Could you present the information at tomorrow morning's board meeting?**
M: Well, I finished the analysis but the written report isn't ready yet. **㊺ I'm worried that I may not have enough time to finalize it before the meeting since I have a conference call to attend all afternoon today.**
W: Oh, your presentation is top priority. Even the president wants to see it. **㊻ Tell you what. I'll assign someone else to attend the conference call** so you can concentrate on the analysis report.

여: 안녕, 마이크. 저 샌디에요. 전 당신이 연 매출 데이터 분석을 끝냈다는 이메일을 받았는데. 내일 오전 이사회에서 그 정보를 발표할 수 있겠어요?
남: 글쎄요. 제가 분석을 끝내기는 했는데 서면 보고서는 아직 준비가 안 되었어요. 제가 회의 전까지 마무리할 수 있는 충분한 시간이 없을 것 같아서 걱정이네요. 제가 오늘 오후 내내 참여해야 할 전화 회의가 있거든요.
여: 아. 이 발표가 최우선순위에요. 사장님까지 보고 싶어 하시거든요. 좋은 생각이 있어요. 제가 당신이 분석 보고서에 집중할 수 있도록 다른 사람이 전화회의에 참여하도록 배정할게요.

44. 여자는 남자에게 무엇을 하라고 부탁하는가?
(A) 발표를 하라고
(B) 보고서 수정하라고
(C) 회의에 이사를 초대하라고
(D) 투자 기회를 분석하라고

45. 남자가 왜 걱정하고 있는가?
(A) 보고서가 제 시간에 끝나지 않을 수 있다.
(B) 동료가 전화를 다시 걸지 않았다.
(C) 이메일이 다른 사람에게 보내졌다.
(D) 계산이 잘 못 되었다.

46. 여자가 무엇을 해주겠다고 하는가?
(A) 회의를 취소한다.
(B) 보충 서류를 준다.
(C) **다른 사람이 전화회의에 참여 하도록 배정해 준다.**
(D) 마감일을 연장한다.

Questions 47 through 49 refer to the following conversation.

W: Hi, Ron, this is Helen from technology department. ㊼ **I'm calling to remind you about the deadline for registering for the workplace safety training.** It has to be finished by the end of the month.
M: Thanks for the reminder. ㊽ **I've been visiting our headquarters in New York for the last three weeks** so I haven't had a chance to sign up. When's the next one?
W: We have other training sessions at 2 on Thursday and 3 on Friday. ㊾ **For which session would you like me to put your name down?**

여: 안녕, 론. 난 기술 부서의 헬렌이에요. 당신에게 직장 안전 교육 등록 마감일을 상기시켜 드리려 전화드렸어요. 등록을 이 번 달 말까지 하셔야 합니다.
남: 알려 줘서 고마워요. 제가 지난 3주 동안 뉴욕에 있는 본사에 다녀왔거든요. 그래서 등록할 시간이 없었네요. 다음 교육은 언제죠?
여: 다음 교육은 목요일 2시와 금요일 3시에 있어요. 어느 교육에 제가 당신 이름을 넣어 드릴까요?

47. 여자는 왜 전화하고 있는가?
(A) 약속을 취소하려고
(B) 여행 준비를 하려고
(C) **남자에게 마감일을 알리려고**
(D) 남자의 일정을 물어보려고

48. 남자는 무엇을 언급하는가?
(A) 그는 교육 지침서를 받지 못했다.
(B) **그는 사무실에 없었다.**
(C) 그는 연설을 이전에 해 본적이 없다.
(D) 그는 보고서를 복사해야 한다.

49. 여자는 무엇을 해주겠다고 하는가?
(A) 남자가 교육을 진행하는 것을 도와주겠다고
(B) 안전 절차에 대해 설명해 주겠다고
(C) **남자의 이름을 넣어 주겠다고**
(D) 서비스 요청 서류를 작성해 주겠다고

동시토익